当代河南教育发展报告

A REPORT ON THE DEVELOPMENT OF
THE CONTEMPORARY HENAN'S EDUCATION

胡大白 / 主编　　　王建庄 / 执行主编

当代河南基础教育发展报告

A REPORT ON
THE DEVELOPMENT OF THE CONTEMPORARY HENAN'S
BASIC EDUCATION

王道勋　　潘丽娜 / 著

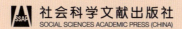
社会科学文献出版社
SOCIAL SCIENCES ACADEMIC PRESS (CHINA)

作者简介

王道勋　硕士，黄河科技学院副教授，河南民办教育研究院研究员。先后在《教育与职业》《广西社会科学》《教学与管理》《中国成人教育》等学术期刊上发表论文 50 余篇。完成学术专著 1 部，参编《中国民办教育通史》、《河南民办教育发展报告》（2017~2020)、《中国当代教育名家》、《黄河科技学院校史》等著作。主持河南省科技厅软科学研究项目 1 项，参与教育部人文社会科学研究项目、河南省政府决策研究招标课题等省部级课题 5 项，主持河南省教育厅人文社会科学研究项目、河南省教育科学"十三五"规划课题等厅级课题 30 余项。作为主要完成人获得河南省高等教育教学成果奖特等奖 1 项、教育部高等教育国家级教学成果二等奖 1 项，作为第一完成人或独著获得地厅级科研成果一等奖 20 余项。

潘丽娜　硕士，黄河科技学院讲师，河南民办教育研究院研究员，主要研究方向为新媒体的运用、新闻理论与实务。参编学术著作 1 部，参与国家社科基金项目 1 项，主持或参与省级、厅级项目 24 项，获奖成果 6 项，发表学术论文 20 余篇。

总　序

　　中华人民共和国成立 70 年来，河南教育实现了跨越式发展。一是教育优先发展的战略地位得到确立：省委省政府把教育放在经济和社会发展的基础性、先导性、全局性的位置，逐步确立了教育事业优先发展的战略地位。二是发生了"三个转变"：其一，在体制上由适应计划经济到适应市场经济转变；其二，在发展方式上由注重规模扩张到注重科学发展转变；其三，在人才培养模式上由知识本位到注重提高综合素质转变。三是实现了"六个跨越"：其一，义务教育实现了由"人民教育人民办"向"人民教育政府办"的跨越；其二，职业教育实现了由薄弱徘徊到快速发展的跨越；其三，高等教育实现了由精英教育向大众化教育的跨越，正在迈过普及化的门槛；其四，实现了由文盲、半文盲的大省向教育大省的跨越；其五，教育结构实现了由单一普通教育到现代国民教育的跨越；其六，实现了办学主体由单一政府办学到多元化办学的跨越，民办教育和中外合作办学快速发展，正在成为教育改革发展的重要力量。

　　河南教育经过 70 年的发展，实现了规模扩张。1949 年，全省各级各类学校在校生 144.46 万人，仅占全省总人口 4174 万人的 3.46%。到 2019 年，全省各级各类学校在校生达到 2677.10 万人，比 1949 年增加 2532.64 万人，是 1949 年的 18.53 倍，占全省总人口 10952 万人的 24.44%。学前教育毛入学率达到 89.50%，九年义务教育巩固率达到 95.45%，高中阶段毛入学率达到 91.62%，高等教育毛入学率达到 49.28%。

　　河南教育 70 年取得的成就离不开党的正确领导。从新中国成立到 1956 年，河南省各级政府和广大教育工作者在中国共产党的领导下，完成了对旧教育的根本改造，并在此基础上，实现了从新民主主义教育向社会主义教育的过渡。1957年党和国家教育方针的提出，为教育的发展确立了方向。"文化大革命"结束后，特别是党的十一届三中全会后，省委省政府"科教兴豫"的战略方针为教育的发展开辟了广阔的前景，增添了巨大的活力。2018年9月，习近平总书记在全国教育大会上强调指出，教育是国之大计、党之大计，教育的根本任务是立德树人，工作目标是凝聚人心、完善人格、开发人力、培育人才、造福人民。自全国教育大会召开以来，全省上下把思想和行动统一到习近平总书记关于教育的重要论述上来，围绕立德树人这一根本任务，强化举措、补齐短板、提升质量，加快推进教育现代化，建设教育强省，办好人民满意的教育，为中部崛起、中原更加出彩提供强大支撑。

70年来的社会稳定和经济繁荣提供了教育的发展动力。社会长期的安定团结有利于教育工作的开展，发展经济需要掌握先进技术的高级科技人才，而且需要大批有一定文化科学知识的熟练劳动力。同时，经济的发展也为教育的发展提供了经费保障和发展的动力。读书改变生活、教育改变命运一度成为较为流行的一种价值观，极大地刺激了教育的发展。

科学技术的发展也推动着河南教育的进步。随着以核子、电子技术为代表的新的科学技术的应用，社会生产力迅速发展。机械化、电子化、智能化设备逐步在相关产业活动中普及，不仅发达的高科技产业渴求人才，社会需要的各类经济、管理、法律等相关人才也亟须提高水平和增加供给。这不仅促进高等教育有了较大的发展，而且高等教育的内容也随着新科技的发展和需要进行了大幅度的变革。

不可回避的是，70年来的教育发展和改革并不是一帆风顺的。对短期利益的追求，导致基础教育教师流失率、学生辍学率上升。同时，教育的大发展也带来了数量和质量的矛盾。教育质量下降、教育不能适应社会经济发展的需要给很多人带来了困惑。优质高等教育资源匮乏，河南考生承受着其他省市考生不能承受的高考之重。教育向何处去，新的出路在哪里，如何评估大众化、普及化后的各级各类教育，如何找到普及与提高的平衡点，各级各类教育应如何适应科技革命的发展和挑战，远距离教育、数字化教育、终身教育、合作教育该如何开展，这些都是我们应该思考的问题。

70年的教育发展和改革为我们提供了极其丰富的经验和教训，在中华人民共和国成立 70 周年之际，总结这个时代的教育，把握教育发展的本质特征和规律，实在是当务之急。这也是我们出版《当代河南教育发展报告》的旨趣所在。

《当代河南教育发展报告》立足于当代河南的教育发展，高等教育、基础教育、学前教育、民办教育、职业教育等几个方面独立设卷，单独成册，分别对河南教育 70 年的发展进行了回溯性研究，对其中的成就、经验和教训进行了客观的总结。对与教育发展整体相关的管理体制、投资体制、教研管理等部分专设一册，既可以与其他几卷相互补充，又对相关部分做了系统和重点的论述。参与研创的人员历时三年，长期在河南省档案馆、各市区（县）档案馆和河南省图书馆以及有关高校图书馆认真查找资料，用翔实的数据和丰富的第一手资料来反映河南教育发展的轨迹。

河南教育事业虽然取得了令人瞩目的成就，但与人民群众日益增长的对优质教育的需求还有一定距离。优质高等教育资源的紧缺和希望接受优质高等教育资源考生过多的矛盾、人民群众对优质教育的需要和不平衡不充分的发展之间的矛盾依然存在。本书在全面介绍河南教育发展成就的前提下，也对当前河南教育发展存在的短板进行了初步剖析。

社会科学文献出版社出于对教育事业的热忱和支持，组织力量承担了这套丛书的出版工作，诚为一件很有远见、很有意义的工作。

由于时间仓促，加之作者水平有限，本书肯定存在不少有待提高之处，期待方家指正。

胡大白

2019 年 9 月 28 日

目　录

第一章　当代河南基础教育发展历程

第一节　奠定基础

一　当代河南基础教育的确立

新中国成立后，为使国民党统治区的教育回到人民手中，根据中央有关指示，河南省对为数不多的旧教育进行了创造性的接管、接收、接办，逐步加以改造，为建立社会主义新教育奠定了基础。

（一）接管、改造旧学校

新中国成立后，河南省各级人民政府接管了原国民党政府遗留下来的旧学校，包括省立各中等学校和县立中小学校，有步骤地对旧学校进行了改造。废除了反动的课程和教材，开设了新民主主义的课程，加强马克思主义教育，为各级各类学校走上社会主义办学道路奠定了基础。

省立开封高中和省立开封师范学校被人民政府接管后，在新民主主义教育方针的指导下，扩大了招生名额和学校规模，这两所学校很快成为全省中等学校的示范学校。开封市的省立小学和各地县立小学被人民政府接管后，迅速及时地明确了新教育的性质、任务、教育方法及教育改造的步骤、重点，面向工农子弟开门。可以说，原国民党政府遗留下来的国立、省立、县立等公立学校被各级人民政府接管后，枯木逢春，生机勃发，均在新的起点走上了健康发展的道路。

（二）收回接受外国津贴的教会学校

在一个独立的民主的国家里，是不允许外国人办学校的，除非是他们的侨民设立的教育他们自己子女的学校，这是世界通例。然而，由于旧中国反动政府的腐败和对帝国主义的依赖，外国人在中国办的教会学校一直严重危害着中国社会。新中国成立后，接管受外国津贴的学校，收回教育主权，是完全必要，也是刻不容缓的。

1950 年 12 月，中央人民政府政务院作出《关于处理接受美国津贴的教会学校及其他教育机关的指示》，重申新中国不允许外国人在中国管理学校，肃清美国对中国的文化侵略，收回中国的教育主权，并确定了处理接收外国津贴学校的原则、办法和接收工作的政策、措施。

1951 年 1 月，河南省人民政府发出《关于处理接受美国津贴的文教救济机关及宗教团体的宣传指示》。省文教厅具体组织实施受外国津贴的教会学校的接管工作，调整组织机构，解散原有校董会，成立新的校董会，改选校委会，设立独立的会计制度，割断学校与帝国主义在经济上的联系，提高师生的思想认识，开展校内民主改革。在反帝爱国校政改革的基础上，进一步推行民主改革，促进宗教革新；在经费补助上，政府采取"统收统支，清算补助"的原则，以维持学校正常发展。

1951 年 3 月 16 日的数据显示，全国接受美国津贴的中等学校中，河南有 5 所。

至 1952 年 9 月，河南省受外国津贴的爱国中学（原名真光施育中学，美国津礼会津贴）、五四中学（原名华阳中学，意大利天主教教会津贴）、豫中中学（加拿大中华圣公会津贴）、三育学校（美国基督教福临安息日会津贴）、圣保罗高级护士职业学校（加拿大中华圣公会津贴），以及所有教会小学，全部由政府进行了接管。之后，在学校内进一步加强了经费管理，检查审核学校的经费开支，继续清理房屋资财，拒绝使用一切外资津贴。加强了学校的思想政治教育，继续开展反帝爱国学习，改造和加强了学校领导，巩固扩大校内反帝爱国统一战线。做好在职教职工的学习与业务研究工作，开展并加强了新民主主义的教学与学习。遵照政务院关于改善学生健康状况的决定，切实贯彻"健康第一"的精神，改进了学校教学，使学校面貌发生了根本性变化。接管外国津贴的教会学校，是新中国成立初期河南省改造旧教育的一个重大步骤，是反对帝国主义文化侵略斗争的一个胜利。

（三）接办与改造私立学校

早在 1950 年，河南省文教厅就指出，私立学校在目前仍占相当比重，应积极扶植，加强领导，在必要与可能时给予经济帮助。

为进一步巩固与发展人民教育事业，适应国家建设需要，1952 年 9 月，教育部发布《关于接办私立中小学的指示》，决定自 1952 年下半年起至 1954 年，全国私立中小学将全部由政府接办，并逐步改造为公立学校。根据教育部所制定的接办私立中小学计划及中南教育部指示，1952 年底，河南省包括两河中学、维新中学、养正中学、圣达中学等在内的私立中学 11 所、私立小学 476 所，全部由政府接办，一律改为公立学校。

接办私立中小学的过程，是对学校师生进行教育的过程。在接办过程中，政府向有关方面反复讲明接办政策，使全体师生认识到党和政府对学校的关怀，同时激发师生的积极性，从而使接办工作顺利进行。对一些私立回民中学，如养正中学、圣达中学，政府则充分尊重少数民族群众意见，注意在保存少数民族学校特点的原则下开展接办工作。

河南省接办最早的私立中学是 1948 年 10 月接办的河南省私立北仓女中，经过两年的整顿、改造，北仓女中改为公办"省立北仓女中"。1951 年改称"开封第二女中"，1953 年又改为"开封第一女中"，1954 年增设高中部，成为一所完全中学。该校董事长兼校长马戬武是河南省颇负声望的进步教育家。自 1928 年起，他一直担任北仓女中校长，为解决学校经费问题，几乎变卖了自己的全部田产。新中国成立后，党和政府对北仓女中给予巨大帮助，请他留任董事长和校长职务。对此，他十分感动，全力以赴投入北仓女中教育。1951 年，马戬武身体病衰，组织上送他到北京疗养，校长职务仍予保留。1956 年，该校改为开封师范学院附属中学，成为河南省首批重点中小学之一。1958 年 7 月，马戬武因病逝世，享年 70 岁。

河南省各级教育行政部门对私立中小学采取大力支持、积极领导的方针。除对学校予以必要的经济补助外，还非常重视学校的思想政治教育。寒暑假教师政治、业务学习时，或在一系列社会改革运动中，私立中小学教师均与公立学校教师一样参加，使他们受到很大教育。省文教厅还抽调厅内干部及提拔学校中的一些积极分子充实学校领导，并重新配备了部分校长与教导主任，从而在组织上、思想上给接办工作积累了经验。

河南省各地的私塾是小学教育的一种重要形式。特别是在偏僻地区，私塾的数量远远超过了公办小学的数量。因此，20 世 50 年代初期，接办与改造私塾成为各地教育的一项重要工作。当时曾采取以下措施：一是大力发展公办小学，满足儿童入学需求，把读私塾的学生吸收到公办小学；二是在没有小学、只有私塾的地方，允许私塾改良，加强对私塾的领导，争取尽早在私塾的基础上发展公办小学。由于措施得力，到 1956 年私塾数量大幅度减少，全省只有个别深山区仍有少量私塾存在。

对旧有学校的接管、接收和接办，使国民党政府统治下的教育回到人民手中，为新中国河南教育事业的恢复和发展创造了有利条件。

二　人民教育事业的发展

（一）贯彻新民主主义的教育方针

1949 年 9 月 30 日，中国人民政治协商会议第一次全体会议通过了《中国人民政治协商会议共同纲领》，规定"人民政府的文化教育工作，应以提高人民文化水平，培养国家建设人才，肃清封建的、买办的、法西斯主义的思想，发展为人民服务的思想为主要任务"，"人民政府应有计划有步骤地改革旧的教育制度、教育内容和教育方法"。1949 年 10 月 1 日，中华人民共和国成立，河南教育事业进入了一个新的历史时期。

新中国成立后，党和人民政府根据河南省经济社会发展需要，为组织领导全省教育事业，相继制定了一系列新的教育政策。

新中国成立之初，由于战争刚刚结束，财政经济比较困难，学校教育的基础不够巩固，社会教育远远赶不上实际需要，旧知识分子失业现象仍大量存在。当时，省人民政府根据河南省实际情况，明确提出了教育工作的基本方针，适当地开展社会教育，同时抓紧干部教育，并着重继续整顿与改造学校教育，以提高巩固现有基础，并确定了 1950 年河南省教育工作的具体方针和任务。

根据理论与实际相一致的原则，整顿改造中小学教育，改革旧的领导方法和教育内容。在领导上，着重贯彻教导合一的精神，重视教师的政治理论学习和教学业务研究，提高师资水平；在教育方针上，以文化课学习为主，通过文化课程，进行思想政治教育，并注重新道德的教育，以培养为人民服务的思想作风。师范教育、职业教育的整顿改造，基本原则与中等学校相同。在巩固原有师范、职业学校的前提下，注重充实和提高。在师资培养和干部教育上，建立正规的短期培训制度，采取在职轮训并吸收部分旧知识分子参加的方针。社会教育的基本方针是以城市为基点，创造经验，逐渐向农村开展，以适应城市工人及广大翻身市民各劳动阶层的需求。加强教育行政机构管理，适当增加干部。

全省各级各类学校从 1950 年末开始，结合抗美援朝、土地改革和镇压反革命的斗争，进行了爱国主义和无产阶级国际主义教育，肃清封建的、法西斯主义的思想，开展了马列主义学习运动，全省大中小学教师分别进行了思想改造。

根据第一次全国教育工作会议关于"以老解放区教育经验为基础，吸收旧教育有用经验，借助苏联经验，建设'以提高人民文化水平，培养国家建设人才，肃清封建的、买办的、法西斯主义的思想，发展为人民服务的思想为主要任务'的新民主主义教育"的要求，河南省继承和发扬老解放区教育的光荣传统，并积极学习苏联教育经验。

1951 年，教育部发布关于省市县对公立中学领导关系的规定。

1951 年 2 月，省文教厅通知关于课程教学几项规定：初中二年级青年修养停止讲授，改讲中国革命读本；高中二年级中国革命与中国共产党和新民主主义论停止讲授，改讲政治经济学；语文课高中每班授课时数定为六小时，初中定为七小时。

1951 年 3 月，《中学暂行规程修正（草案）》《小学课程暂行标准总纲（草案）》公布。

1951 年 3 月档案显示，河南省 1952 年下半年县（市）区及乡村小学编制供给标准如下：

1. 县（市）立完小、区立完小，除校长外，其余教职员工编制，不分高、初级，平均每班 1.5 人。

2. 县（市）初小与乡小三班以下者，每班教员 1 人，其中 1 人为副校长职务；四班以上者，增校长 1 人（兼教员）。其后每增四班，再增教员 1 人。乡小高级班编制与县立完小高级班同。

3. 县（简）师附小编制与县立完小同。

4. 完小八班以上者，设教导主任 1 人（兼教员），初小十班以上者，增设教导主任 1 人（兼教员），由一二两项编制名额内统一调剂解决，不另增加。

……

6. 小学学生每班一般以 50 人为原则，山地或偏僻乡村不及 50 人者，呈经区政府同意、县政府批准，亦可开班。

1951 年 3 月 27 日，《中学暂行规程（草案）》《小学服务规程（草案）》《小学暂行规程》发布。

1951 年 10 月 1 日，政务院公布关于改革学制的规定。

1951 年 10 月 19 日，中共河南省委宣传部报中南局宣传部省委《关于学校教育工作中混乱现象检查报告》指出：

经初步检查，全省各地混乱现象程度大致相同，主要表现是：

1. 占用校舍是较为突出的问题，城市尤重，致影响到学校班次的扩大。机关和部队在初住时是为有期借用，期满后借故不腾，如开封市豫中中学被河南省军区政治部、公安二分所、开封市干训班三个机关占用着大部分的校舍。学生大礼堂改为宿舍，像样子的厕所亦改为教员的寝室。军区开运动会时通过文教局向市立八小借用大礼堂后，还要借教室，因校方困难未允许，被军区干部斥责。该校还被市税局占去房子四十余间，其他如农村因开会占用校舍……的情况亦是不少。

作上的反映，它的特点表现为：

1. 专长思想：自认为"有一套"，教学不根据课程需求、学生思想和国家需要，而从自己的"一套"出发，为了在学生面前夸耀自己，所以在教材内容上随便增加，任意删改，甚至完全失去原来课程的要求。

2. 兴趣主义：从私人兴趣出发，不计划、不研究，爱好什么讲法，或者，从学生兴趣出发，说些黄色传奇故事，以迁就学生落后意识，以博得学生哄堂大笑为满足。这种兴趣主义的教学方法，显然不合乎教学要求的。

3. 技术观点：重视技术，重视死知识的传授，忽视教学中的思想与政治性，虽然在教学上表现是负责的，但由于教材内容缺乏系统的理论性和实际精神，因而其效果也是不好的。

……

总之，教学上的自由主义，是目前教学思想混乱的集中表现……

……

各地学校领导，缺点很多，尤其是事务主义、形式主义，甚至官僚主义的思想作风，以及由这些产生的缺乏政治思想的混乱现象。

1951 年，河南省九所高级中学与完全中学的材料：

一、中央教育部电示我省选定高级中学或完全中学九所，整顿办好，并选择一二所条件较好的为重点，以取得提高教学经验。

（一）重点学校两所：1. 安阳第一中学；2. 河南师专附属实验中学。

（二）初步办好的七所：1. 信阳中学；2. 南阳中学；3. 郑州第一高中；4. 开封女子中学；5. 新乡中学；6. 洛阳中学；7. 许昌高中。

二、重点学校基本情况

——安阳中学

（一）学生情况

（1）班级学生情况

项目	一下		二下		三下		合计	
	班	学生	班	学生	班	学生	班	学生
初中	3	150	3	173	3	114	9	437
高中	2	98	2	84	2	51	6	233
合计							15	670

......

（二）领导与教师情况

该校现有校长1人，教导主任2人，初中专任教师22人，高中专任教师15人，共40人，其中大、专学校毕业21人，肆业4人；高级中等学校毕业9人，肆业6人。

40人中教学工作年限在3年以上者35人，不足2年者5人，其中不足一年者4人。

......

（三）设备情况

设备较一般学校充实，寝室教室够用，有食堂、饭厅、礼堂、浴室、书报阅览室，图书有2600余册，物理、化学仪器够示范实验。

（四）教学简单情况

学校领导"面向教学，以教学为中心"思想明确，在工作计划上，计划的贯彻上，各部门工作的配合上，都已初步贯彻了这一方针。该校校长已开始学习中学课程，并亲自领导教师"教育学的学习"，逐章逐节讲解大意，在教研组工作上能适时发现问题，加强领导，如本期有5位新教师业务差，领导上即号召教研组进行帮助，校长是该校党支部书记，领导党、团与行政配合，步调一致，使教学工作取得不少成绩。

......

——河南师专附属实验中学

（一）学生情况

（1）班级学生情况

项目	一下		二下		三下		合计	
	班	学生	班	学生	班	学生	班	学生
初中	4	213	4	221	4	203	12	637

……

（二）领导与教师情况

该校现有主任1人，教导主任2人，专任教师28人，其中大、专学校毕业者18人，肄业者7人；高级中等学校毕业者6人。

……

（三）设备情况

校舍总面积64市亩，房屋228间。

有物理仪器105件（包括大小零件，新配发），化学药品一部，理化试验均与师专合用师专所有的理化仪器，可以进行课堂示范、试验。

……

（四）教学简单情况

已初步克服混乱现象，教与学均能按计划进行，进度基本上不拖不拉。

教研组工作已初步加强，减轻了教研组长任课负担，使之有更多力量与时间领导教研组工作。并具体订出教研组长工作内容，在教研组长领导下建立集体备课制度，有计划地听课评议（组长对组内部教师普遍听课），审定与检查课时计划，及时吸收与交流点滴经验。

……

自上学期迄今学生成绩已有提高，如三年级四班203人的物理成绩，学期考试80分以上的占89%，比期中考试67%增加22%（22个百分点——编者注）；70分以下的已由期中考试的18%减至2.5%。又如一年级四班算术成绩（213人），80分以上的平时占41.5%，期中考试占57.5%，期终考试占80%，逐步增加，不及格的从平时20%，至期中减为8.5%，至期末减为1.4%。

……

三、其他七所学校具体情况

（一）信阳中学

（1）学生情况

项目	一下		二下		三上		三下		合计	
	班	学生	班	学生	班	学生	班	学生	班	学生
初中			8	381	1	60	3	142	12	583
高中	7	369	6	231	2	55	2	87	17	742
合计									29	1325

……

（2）领导与教师情况

副校长1人，副教导主任1人，专任教师初中23人，高中30人，共55人。

……

（二）南阳中学

（1）学生情况

项目	一下		二上		二下		三上		三下		合计	
	班	学生	班	学生	班	学生	班	学生	班	学生	班	学生
初中	6	364			6	350	1	31	2	115	15	900
高中	6	297	1	65	4	172	1	54	2	78	14	666
合计											29	1566

（2）领导与教师情况

校长1人，教导主任1人，副教导主任2人，高中教师29人，初中教师27人，共60人。

……

（三）郑州第一高中

（1）班级学生情况

项目	一下		二下		三上		三下		合计	
	班	学生	班	学生	班	学生	班	学生	班	学生
高中	8	394	6	247	1	52	3	103	18	796

（2）领导与教师情况

校长 2 人，教导主任 1 人，教师 34 人。

（四）开封女子中学

（1）学生情况

项目	一下		二下		三上		三下	
	班	学生	班	学生	班	学生	班	学生
初中	4	216	4	251			2	98
高中	6	275	5	233	1	33	4	207

（2）领导与教师情况

校长 1 人，教导主任 1 人，初中专任教师 19 人，高中专任教师 27 人，共 48 人。

（五）新乡中学

（1）班级学生情况

项目	一下		二下		三下		合计	
	班	学生	班	学生	班	学生	班	学生
初中	6	287	5	230	4	173	15	690
高中	2	92	2	94	1	41	5	227
合计							20	917

（2）领导与教师情况

校长 1 人，教导主任 2 人，初中 35 人，高中 13 人，共 51 人。

……

1952 年 4 月 7 日，省文教厅转发中央令颁《中学、小学、幼儿园暂行规程（草案）》：

> 全区中学、小学、幼儿园自1952学年度（1952年下半年）起一体试行。
>
> 小学旧制（四二制）各班教学计划仍照中央教育部前颁发者执行，其他各项照新颁规程草案试行（或参酌试行）。
>
> 原选定试行中学暂行规程草案的学校仍作为重点试行学校。
>
> 小学、幼儿园试行工作应选择重点，培养典型，以推动全面。

1952年5月12日，省文教厅复《郑州解放中学改为医士学校由》。

1952年7月6日，省文教厅成立"高级中学统一招生委员会"，并规定：

> 保证高等中等学校招生计划完成是实现国家整个培养干部计划的关键之一；
>
> 本届高初中毕业生均应集中原学校（大、中城市可几校联合）进行补习。
>
> 补习目的：一方面为了学生升学补习功课，提高学生文化科学水平，另一方面对学生进行爱国主义教育，使其能正确地认识国家建设的全面需要，树立正确的升学思想。
>
> 补习内容：按照学生升学需要补习功课，但每天不能花过多时间，并大力进行政治思想教育，端正升学态度（如纠正学生愿意进大学而不愿意进专科，愿意进普通高中而不愿意进师范学校等不正确认识）及介绍各级各类学校概况及其在国家建设中地位等。
>
> 补习主要方式：课程方面，采取课堂教学形式进行补习功课；政治思想教育方面：通过报纸、期刊、广播、快报或组织各种报告会（如邀请当地首长及已转变思想读师范的学生作报告等）、座谈会进行。
>
> 在补习中，尽可能地了解学生升学志愿、文化水平、家庭经济情况，补习结束提出对学生升学的意见，以供招生委员会参考。

《河南省小学实施五年一贯制具体计划（初步草案）》指出，汴郑及各专署所在地，可在 1952 年秋按照本省《城市小学教师业余进修学校暂行实施办法（草案）》，重点举办小学教师进修学校，取得经验后，1953 年春再逐步推及到面。

1952 年 9 月 5 日，政务院发布《教育部 1952 年工作计划要点》。

1952 年 9 月 26 日，《高级中等学校统一招生工作总结及升学指导教育总结由》指出：本省高级中等学校统一招生工作自 7 月 26 日起至 9 月 5 日止，经过 35 天的集中学习与考试调整，业已全部结束。

1952 年 12 月 20 日，时任中南军政委员会教育部潘梓年部长在中南区第四届教育行政工作会议上的总结报告中指出：

> 明年我们小学教育工作的方针任务是整顿、巩固、提高质量，在这个基础上求得适当的发展，是为大规模的发展打基础作准备工作，而不是单纯追求数量上的发展。前些时，在中央召开的全国中小学教育行政会议以后，根据会议精神，我们曾大力宣传了明年国家教育事业经费数目之大，仅仅次于重工业，而小学经费还不在内。我们这样大力宣传，产生了良好的政治效果。现在方针既定，小学教育不是发展，而是巩固、整顿、提高质量，在经费上也要大大缩减……

项目	1950 年 7 月	1952 年 7 月		1952 年 12 月	
	数量	数量	增加	数量	增加
普通中学学生	288230	455205	60%	683413	140%
小学学生	4300051	14620562	240%	—	—
中师学生	40865	—	—	155775	280%

> 三年来的教育工作与其他工作一样，取得了不小的成绩，首先是数量上的发展。

1952 年，《河南省小学教育三年来的基本情况及今后改进意见》指出：

49 年全省小学仅 11920 校，50 年下半年为 16050 校，51 年下半年增至 21133 校，52 年 7 月普查后全省小学校数已达 22273 校，较 49 年增加 1.8 倍。小学学生人数 49 年为 1227560 人，50 年下半年为 1655722 人，51 年下半年小学人数增至 2832433 人，52 年 7 月普查后小学学生已达 3512597 人，较 49 年增加 2.8 倍。

年别	校数	班数	学生数	教师数
1949	11920	30121	1227560	36919
1950 年上	14282	34913	1451961	38046
1950 年下	16050	39199	1655722	45777
1951 年上	18064	47962	2287711	52929
1951 年下	21133	60247	2832433	69808
1952 年上	22273	74232	3512597	85230

河南 49 年、52 年有四分之一的地区遭受水灾、旱灾和虫灾，这种严重的灾害影响了我省的教育工作，尤其是小学教育，但是只要教师能以艰苦朴素的作风和群众一块向灾荒作斗争，便能坚持灾区教育，使学校不垮台。

息县临时完小教师在灾荒严重情况下，小学生大部分都没有饭吃，教师以随叫随到的方式进行了教学，学生依旧不能到校，教师又想办法背着黑板进庄入户寻生教学，把学生编成放牛小组巡回教学，这样就大大鼓舞了儿童学习情绪，因此虽然灾情严重威胁，由于教师的努力奋斗，不向困难低头，在数量上不但没有减少，相反的由上期 118 名增加到 186 名，终于战胜了灾荒，坚持了灾区教育。

1953 年 1~9 月《教育工作综合报告》指出：

三年多以来，我省教育事业在数量上已有很大发展。目前全省共有中等学校学生 195815 人，小学生 482 万多人，以之与 50 年相比，技术学校发展 4 倍，中学发展 3.15 倍，师范发展 3 倍，小学发展 3.2

倍……三年多以来，我省共培养出高中毕业生 3699 人，技术学校毕业生 2722 人，师范及短师毕业生 37232 人，初中毕业生 48412 人，小学毕业生 412170 人，在一定程度上适应了国家建设与人民文化的需要。

……我省教育事业直至今日，不仅由于校舍差、设备差，学校基础不能很好巩固，而且由于领导差、教师差，在贯彻政策上不断发生偏差，致使学校不断产生问题，并在过去一个时期不断发生自杀死伤等严重事件。

1953 年 3 月 21 日，时任省教育厅厅长张柏园在各专市文教局长会议上的总结发言中指出：

学校教育中存在着混乱现象，特别是小学教育更严重，因此，学校教育必须加以整顿，特别是小学教育。对厅里提出的调整方针都表示同意和拥护。

教育工作……必须强调集中统一，在集中统一领导下，建设我们的教育；同时认识到我们的教育必须加强政治思想领导。

教育建设在目前还是配合建设，迎接建设，为即将到来的文化教育高潮准备条件。……但一讨论招生问题，却又有些人一再反映招生少，强调学生失学问题严重。小学虽然是国民教育，但不是一蹴而就，还不能人人都入中学、大学，所以我们要教育我们的青年们爱劳动、爱生产，能升学则升学，不能升学就要安心生产。小学毕业回家生产是光荣的，不是可耻的。我们自己也要树立有计划的按比例发展的观点……

（一）关于小学整顿

（1）小学发展表现了严重的自发和自流，这主要是由于我们领导上的盲目性所产生的，不懂得有计划按比例发展的原则，不懂得教育发展也有其客观法则，以致目前小学数量大，质量差，存在着严重的混乱现象。如果不加以整顿，就会影响到我们下一代，不能系统地获得科学的文化知识，增加了中学工作的困难，也会影响到国家建设。因此，整顿是肯定的，必须作为五三年中学重点工作来进行。

（2）小学质量差、混乱现象严重存在的原因：首先是与农村中小农经济和落后的社会生产方法相关联的，学生流动很大就是证明。在社会改革时期，对小学生注意很差，小学陷于无领导的状态，听之任之，混乱现象必然产生。同时，教师质量跟不上，经济力量支持不了，对知识分子政策和教育政策贯彻不够，对小学教学的正常进行就影响很大。这种情况虽然是社会改革时期不可避免的，但也是不对的。今后必须坚决克服。

（3）小学混乱现象既然是与农村中小农经济和落后生产方法相关联的，是不是就可以不整顿呢？不能这样看法，因为今天的儿童就是将来社会主义社会的干部，必须把他们培养成进步的、而不能完全迁就于今天的农村情况。但另一方面，忽视社会条件，要求一下子改革得十全十美，也是不可能的，我们不能性急，但也不能有任何放松整顿小学工作的思想。

在要求上，对城市点线小学是整顿提高；对于一般乡村小学是开始走向正规化，逐步提高质量；对山区及人口稀薄地区，要根据具体情况略加整顿，在要求上更低些。为了解决超龄儿童的学习问题，应坚决成立速成班或速成小学，我省超龄学生绝大多数是工农干部、翻身农民、干部子女，他们要上学是好现象，而速成班是适合于他们的最好方式，在农村一般的正规小学及速成小学或速成班并存是符合于我们农村情况与要求的。

（4）整顿小学的内容：

第一是加强领导，一方面是配齐各级文教行政干部，另一方面是文教干部带领做文教工作，在当地党委和政府统一领导之下，将小学工作搞好。

第二是克服混乱现象，尽力解决超龄儿童学习。小学中的混乱现象，一部分是外来的，如乱调教师做其他工作，随便停课等。另一部分是学校本身的，如师资质量低，没有制度，没有教学进度，超龄儿童多，流动现象大等。克服混乱现象，就必须从这两方面着手。对超龄儿童学习问题必须采取慎重的态度，不允许生硬粗糙，过分勉强。

第三是处理多余师资，处理必须严肃慎重，不能简单从事。

第四是提高质量，在教学质量上制度上均有所改进。

（5）整顿小学教育必须贯彻党和政府政策的全面性和完整性，处理教师问题不能违背团结知识分子政策，处理超龄儿童，不能影响工农联盟，也不能把整顿小学与整顿小学教师混淆起来，不能以整顿教师代替整顿小学，藉机会把小学教师大换班。

（6）妥善处理多余教师，现已初步确定的，短时初师学生及小学教师可以升入师范约三千人，高中一千人，初中五千人；转入工业部门的四千人（高、初短师各半），其他为二三千人；另外，民办小学（必须能支持五年，发展民办小学计划控制数应由厅批准）及有关团体办学也可能吸收一部分。

（7）整顿小学的方法步骤：第一步要调查研究、摸清情况；第二步制订方案；第三步重点试验；第四步点面结合，分批批准。

……

调整中等学校。上半年完成修建，配齐干部，做好动员，若实际困难大些，初师集中可稍缓外，高中、师范调整在八月前完成。高中师范调整由厅协助专市进行，初师集中，由专县负责。

1953年第二季度《教育工作综合报告》指出：

为了切实掌握小学教育的基本情况，以便根据中央的方针精神订出整顿计划，顺利开展工作，三月中旬成立了三个调查队（共93人），深入到临颍、罗山、清丰三县作重点调查，5月2日工作结束。通过实际调查，基本上了解到农村小学教育的情况和特点如下：

（一）在小学生中超龄生多，未入学的适龄生多。据在七个区的调查，在校学生数已达到总人口的10%以上，而尚有37%～46%的适龄生未入学，而在校学生中超龄生（16周岁以上）占17.3%。

（二）小学设置分散，发展不平衡，复式班多，复杂性大。在重点调查的七个区中，共有104个乡227校，平均每乡2.2校，但实际上在平原人口集中地区和山区人口分散学校分布极不平衡，如清丰有的一乡一校，有的一乡六校。在七个区632班中有复式班361班，占41%。

复式班复杂性大，有的复式次数竟达七级，学生人数悬殊，最多的每班 118 人，最少的只有 17 人，这都影响教学工作的提高。

教师质量低，健康情况差，校内外混乱现象仍很严重。

据调查在 756 名教师中优秀的有 38 人（占 5%），能胜任的 488 人（占 64.5%），勉强胜任的 193 名（占 25.5%），不能胜任的 37 名（占 4.9%），后两种类型的教师在教学上旧的教育思想还占支配地位，管理学生不是打就是罚，学生不及格、留级的很多。教师质量低，教材分量重，校内外混乱现象虽大体上得到纠正，但问题还未彻底解决。……

中学教育方面：

为了深入了解中等学校现存问题，以便克服学校教学改革中的困难，三月间曾抽调各地中学校长、教导主任 35 人组织中学视察工作组，三月底分四个组，深入到四所中学进行了工作，六月上旬结束，连总结会议时间在内，共用时间两个半月。

中等学校的一般情况是：自提出以教学为中心的要求后，一般学校还存在着程度不同的忙乱和混乱现象，缺乏计划性，对建立正常的教学制度与正规的学习秩序还缺乏具体办法。其次是对学生的政治思想教育方面，由于社会改革的影响，学校长期存在着一种不适于对待青年学生的教育思想和教育方法，不少教师不懂得或不善于结合教学对学生进行正面的思想教育，班级政治领导是突出薄弱的一环。再次是学习苏联，改革教学的方向虽有了，但是具体做法、如何领导学校也还是需要解决的问题。

1953 年《教育工作总结检查提纲》指出：

由于大力进行调整和整顿工作，坚持了重点发展的精神，我省中小学教育和工农业余教育已基本停止了过去盲目冒进倾向，克服了混乱、忙乱现象，使各项教育事业获得了有控制、有计划、有重点的发展……

（1）在小学方面：53 年秋季除在大城市和工矿区略有发展外，全省小学生总数仍控制在 480 万之内。初步克服混乱的结果，小学学生数且有减少趋势。在小学整顿方面，53 年已开设一系列的重点试验，并取得比较系统的经验，为 54 年结合小学教师政治学习进行小学整顿打下了良好基础。

（2）在中等教育方面：在坚持中央"重点发展高中、工中，适当发展初中、师范"的方针下，53 年计高中增招新生 6567 人，发展了 66.1%；工中增招新生 289 人，发展了 23.9%；初中增招 31780 人，发展了 36.3%……

1953 年《教育工作计划要点（草稿）》指出：

以 52 年下学期与 49 年相比，按学生发展数字计算，中学为 3.6 倍，师范学校为 14.7 倍（包括培养乡小教师的短师班及培训班共 304 班），技术学校为 2.6 倍。小学生已发展到 4722982 人，约为 49 年的 3.3 倍。另设立工农初等补习学校 5 所，农民已有 4098000 人参加了冬学，其中有 1781871 人转入常年学校。职工业余学校已发展到 51151 人，干部业余文化补习学校已发展到 17433 人。

1953 年后，根据"整顿巩固，重点发展，提高质量，稳步前进"的方针，省教育厅强调中小学生要全面发展，加强学校体育卫生工作，重视劳动教育，努力提高教育质量。1954 年，根据省人民政府指示精神，省教育厅加强了中小学的劳动教育。

1954 年 9 月 18 日，新乡专署发布《河南省新乡专区整顿和改进小学教育工作计划（草案）》，指出教育厅提出的几点意见：

（一）学习准备阶段，如能利用秋假，不过多占用开学后时间，以县为单位，教师一次全部集中学习，是可以的。如一县教师人数过多，可分两批或三批进行学习，秋假不够用，因而要过多占用开学后时间，可仍按省方案意见办理。

（二）县整顿工作仍应分批进行，这样可以逐步提高干部，积累经验，把工作一批搞完的做法可能导致工作不深入，还会造成混乱。……

（三）整顿工作要求十一月下旬全部结束，似太仓促，时间应抓紧，工作更应切实、深入，保证质量。还应打算到年底结束为宜。

1954 年 9 月 25 日，《新乡市整顿和改进小学教育工作方案（草案）》公布。

1954 年 10 月 17 日，《郑州市整顿和改进小学教育工作的修订方案》公布：

基本要求：近 6 年来，我市随着国家经济建设事业的恢复与发展，小学教育已大大超过解放前的规模。目前全市小学学生共有 61492 人，较解放前增加了 3.5 倍，约占全市人口的 12%。……

现有完、高、初中 331 所，教职员工 12292 人。……

近年来在党和政府的领导下，经过初步整顿，学校混乱现象已基本克服，忙乱现象也初步得到扭转，学校组织领导与教学管理工作，也都有若干改进，并已获得不少成绩。通过任务学习及郊区小学教师政治学习以来，教师的社会主义觉悟普遍有所提高，初步树立了社会主义劳动态度和劳动激情观点，专业思想与个人努力的方向，亦进一步有所巩固和明确。

但由于市、区教育行政领导部门，对小学的领导很差，对教师的学习领导不够，致使一些教师思想觉悟的提高赶不上形势的发展，部分教师旧思想仍很严重，表现对国家政策抵触不满，轻视体力劳动和劳动人民，不安心教育工作，彼此互不服气，不团结，致使学校工作今天仍然存在着普遍而不同程度的忙乱现象，体罚与变相体罚尚未根本克服，教学质量不高，缺乏对学生系统的进行政治思想教育。

1955 年 11 月 8 日，教育厅第三季度《工作小结与第四季度工作计划要点》指出：

初中补录 76804 人，高级中等学校（包括军校，招干录取 3772 人）录取 24556 人。录取比例：初中为 26.45%，高中为 39.3%。一般新生都达到合格水平，基本保证质量，并超额完成了任务。

今年全省小学招生 1486205 人，其中，一年级 986205 人，五年级 50 万人。据 81 个县市的统计，初小招生任务完成了 119.6%，高中完成了 93%。

1956 年 1 月，国务院发布《关于普及义务教育的决定（草案初稿）》：

按各地情况，分别在七年或十二年内普及义务教育。在一般城市和乡村为普及小学教育（在一般城市和条件较好的农村普及完全小学教育。在条件较差的农村可以先在第二个五年计划期间普及初级小学教育，到第二个五年计划期间再普及完全小学教育），在直辖市和省辖市（包括工业城市）为普及初中教育。

……

……城市中小学适当收费，农村小学基本上有农业生产合作社办理。个别经济困难地区，可以实行公办或公办民助。少数民族地区，按照各地的不同经济状况，分别实行公办、公办民助或者社办。对于孤儿、贫苦家庭的儿童，免费入学。

1956 年 1 月，《十二年国民教育事业规划纲要（草案）》指出：

在七年或十二年内，在全国范围内普及小学义务教育，在一般城镇和条件较好的农村普及完全小学教育，在条件较差的农村可以第一步先普及初级小学教育，第二步再普及完全小学教育；在直辖市和省辖市（包括工业城市，下同）普及初中教育。1962 年全国学龄儿童入学率达到 96.5%，小学在校生达到 10730 万人，与 1957 年比增长 57.7%，平均每年增长 8.49%。1967 年全国学龄儿童入学率达到 99.1%，小学在校生达到 11850 万人，与 1961 年比增长 10.47%，平均每年增长 2%。

……

七年内，大力发展高级中学。七年内高中招生共为 545 万人，毕业共为 274.9 万人，与高等学校招生比例平均为 1∶1.4。1962 年在校生达到 328 万人，与 1957 年比增长 209.99%，平均每年增长 25.58%。第三个五年计划期内，高中招生共为 1027 万人，毕业共为 648.9 万人，与高等学校招生比例平均为 1∶2.7。1967 年在校生达到 706 万人，比 1962 年增长 115.24%，平均每年增长 16.52%。

这一阶段的基础教育，在"为生产建设服务""为工农服务"方针指导下，增设了大量的工农速成中小学、五年制小学、2~3 年制初等学校、3~4 年制中学和识字扫盲学校，至 1955 年停办。同时中小学放宽年龄限制和学费限制，招收大批工农子弟入学，满足了工农干部文化的需要，全民族的文化素质得到了全面的提升。

（二）学校"向工农开门"

1949 年 12 月，第一次全国教育工作会议召开。会议指出："我们的教育也应该以工农为主体，应该特别着重于工农大众的文化教育、政治教育和技术教育。"会议提出"为工农服务、为生产建设服务"的中心方针。1950 年 9 月，第一次全国工农教育会议召开。11 月，政务院批准的《关于第一次全国工农教育会议的报告》指出，"工农教育是巩固和发展人民民主专政，建立强大的国防和强大的经济力量的必要条件；没有工农文化教育的普及和提高，也没有文化建设的高潮"。

为提高工农干部和群众的科学文化水平，使他们及其子女有受教育的机会，省人民政府于 1950 年强调实行"向工农开门"的方针，并采取积极措施，开展识字运动，举办工农业余学校。

全省各级各类学校普遍贯彻了"向工农开门"的方针。新中国成立初期的几年间，各级各类学校先后采取照顾录取、优先录取、设置公费生和免费生、优先享受人民助学金等办法，有计划地吸收工农子弟入学，保证了学校学生中工农成分的增加。1956 年，全省中学生的工农成分已达 73.63%，师范学生中的工农成分已达 70%，高等学校学生中的工农成分已达 35.3%。

（三）思想政治教育体制初步建立

《中国人民政治协商会议共同纲领》规定，"人民政府的文化教育工作，应以提高人民文化水平，培养国家建设人才，肃清封建的、买办的、法西斯主义的思想，发展为人民服务的思想为主要任务"，应"提倡爱祖国、爱人民、爱劳动、爱科学、爱护公共财物为中华人民共和国全体国民的公德"。为使教育为新民主主义服务，为人民服务，河南省各级各类学校采取了各种措施，加强对学生的思想政治工作，培养他们正确的观点，在教育活动中建立了中共各级组织的思想政治工作制度，取得了很大成功和一定经验。这一时期思想政治工作的经验，在以后很长一个时期内仍被采用并取得了成效。

新中国成立初期，在全省中小学生中广泛开展"五爱"教育，培养学生爱祖国、爱人民、爱科学、爱劳动、爱护公共财物的优良品质。进入社会主义建设时期，思想政治教育主要是用社会主义思想教育学生。当时比较注意发扬革命根据地优良的政治工作传统，建立了青年团、少先队、班主任制度以及校外教育机构等相互配合的组织形式。1953 年，省教育厅要求对学生进行社会主义总路线教育，进行"五爱"教育，培养学生养成良好的生活习惯，遵守社会公德以及社会生活的准则。

为加强中学生思想政治教育，新中国成立初期根据形势需要，按照根据地的经验，开设了政治课，对学生进行共产主义道德和社会发展常识、政治常识、辩证唯物主义常识、方针政策的教育。之后，还组织中学生参加各种政治活动，集中进行革命人生观教育。在抗美援朝、保家卫国运动中，各地中学采取多种形式，向学生进行爱国主义教育。全省中学师生积极制定爱国公约和开展爱国捐献活动。1954 年，省教育厅明确提出中等学校教育要为过渡时期总路线、总任务服务。各学校加强社会主义思想教育，重点开展爱国主义教育、劳动教育和自觉遵守纪律教育。1955 年，又在全省中学生中普遍开展了中学生守则教育。

各中小学校普遍建立了班主任制度。学校领导挑选德才兼备、富有教学经验的教师担任班主任。班主任对学生全面负责，是学校领导进行思想政治工作的得力助手。

中等专业学校也十分重视思想政治教育。1954 年，省教育厅提出中专思想政治教育的任务是，树立社会主义政治方向，培养学生的辩证唯物论的基础和共产主义道德，培养学生爱祖国、爱人民、爱科学、爱劳动、爱护公共财物的国民公德，培养集体主义精神，自觉遵守纪律以及坚韧、勇敢、谦逊、节俭、朴素等品质。重点加强爱国主义教育、劳动教育、纪律教育及专业思想教育，取得了明显成效。

河南省各级各类学校逐步建立起在党委领导下的思想政治工作制度。此间的学校思想政治教育，虽然也产生过一些问题，如政治运动占用时间过多，冲击正常的教学活动，以及有些政治运动曾发生过一些不适当的做法等，但总的来看，取得了很大成绩，这是主流，学生的政治素质是好的。新中国成立初期逐步形成在党委领导下的学校思想政治工作制度，是当代河南教育的一大特点。

（四）逐步建立健全学校领导管理体制

新中国成立之初，根据教育部指示，河南省教育厅对全省基础教育实行统一领导、分级管理的办法。有关幼儿教育的方针、政策、规章、制度、法令、教育计划、教育内容、教育方法、儿童保健等业务，统一由教育行政部门领导。各单位办的幼儿班、儿童保健等业务，统一由教育行政部门领导。各单位办的幼儿班，由教育行政部门负责业务指导，主办单位向当地卫生、教育行政部门报告工作。全省小学的领导管理主要依靠区、乡政府，县教育行政部门在办学指导思想和方针政策上给予指导和监督。1952年后按照教育部规定，结合河南实际，除教职工编制标准和小学经费开支标准由省教育厅负责制定外，公办小学和民办小学统一由县、市教育局领导，区、乡、镇、街、村人民群众办的小学，统一由县、市教育局核定其设立、变更、停办。小学各科教学大纲、教材，小学的建设和设备标准，统一按教育部规定执行。

加强对中等学校的领导。1949 年，河南省人民政府通令，将全省中等学校分为省立、县立两种，省立除开封市各中等学校由省政府直接领导外，其他各学校在省政府确定的方针、政策指导下，委托所在市政府（限郑州市）及专员公署领导，省立中等学校经费由省教育事业费开支，县立中等学校经费由县教育事业费开支，省立中等学校的设立、变更、停办以及学校校长、教导主任的任免、调动，由县政府报经专署核定，并呈报省教育厅备案。后来，由于普通中学数量逐渐增多，其领导管理体制也逐级下放。1952 年，全省中等学校有关教育方针、政策、学制、教育计划、教导工作等事项，由省教育厅统一领导，并委托各专署、省辖市或县人民政府领导所辖区域内的中学。1954 年 4 月，政务院批准教育部的报告，提出各级教育行政部门应实行"统一领导、分级负责"的原则，即除有关全国性的方针、政策，各级学校正式教材的编写，以及全国各项教育事业的发展计划，由中央教育部统一掌握外，其余对各级各类学校的行政管理与业务指导，均由省（市）和专署或县（市）分别负责，因地制宜。对中学，省（市）以上教育行政部门更多地掌握政治领导与业务领导，至于日常行政逐步交给专署或县（市）管理。根据政务院批示，河南省中学教育实行统一领导、分级负责管理。省教育厅以主要力量加强对中学的领导，更多地掌握政治领导和业务领导，日常行政工作交给专、市、县管理。中小学领导管理体制的建立和不断完善，保证了教育教学工作的顺利进行。

1950 年，河南省人民政府确定，省立师范学校由省人民政府设立，省教育厅统一领导，学校日常行政则由学校所在地的专员公署或市人民政府领导；县（市）立初级师范学校报省人民政府批准，县（市）人民政府领导。1956 年，根据师范学校规程和教育部《关于试行师范学校规程的指示》精神，河南省确定中等师范学校设立、变更与停办，由省人民委员会决定，省教育厅统一领导，日常行政管理则委托专、市人民政府负责。县级不再设立中等师范学校。

三 借鉴苏联经验，实施基础教育改革

1949 年 12 月，第一次全国教育工作会议明确指出，"建设新教育要以老解放区新教育经验为基础，吸收旧教育某些有用的经验，特别要借助苏联教育建设的经验"。

根据中央及河南省委、省人民政府指示，从 1950 年下半年至 1952 年，河南省普通中小学主要开展了借鉴苏联教育理论和经验，进行改造旧教育、建设新教育的工作。

借鉴苏联教育理论和教学方法。1950 年，省文教厅开始组织中小学教师以苏联凯洛夫《教育学》和《苏联教学法笔记》等为教材的教育理论学习。为配合学习，省文教厅主办的《文教半月刊》《教育半月刊》及时刊载了《教育学》学习辅导、心得体会和介绍苏联教育经验的文章。学习内容以改革课堂教学为重点，全面学习苏联"新道德教育""学生思想政治教育""健康卫生教育"的经验和"贯彻全面发展精神"的教育，强调"课堂教学是教学工作的中心环节"和"教师的主导作用"，加强了教学工作的思想性、目的性和计划性，明确了"理论与实际一致"的教学方法。在教学结构上，形成了组织教学、复习提问、讲授新课、巩固新教材和布置作业的五个环节教学步骤，普遍地贯彻了直观性、启发性、量力性、系统性和巩固性的教学原则，建立了以课堂为中心和以间接知识教学为中心的教学体制。借鉴苏联经验，全省各中等学校普遍建立起教学组织和教学研究制度。

采用东北翻译的苏联十年一贯制的各种自然科学新教材。这些教材，根据省文教厅安排，1950 年下半年开始有重点地在部分学校试用，1951 年下半年则开始在全省中学普遍推广使用。新教材的使用，对于建立辩证唯物主义世界观，提高教学的科学性、思想性、系统性和理论联系实际等有积极意义。

学习、采用五级分制记分法。1951 年开始试点，随后在全省推广。五级分制记分法对于端正学生学习态度，加强学生平时学习，培养学生的集体主义精神，改进教学工作，提高教师业务水平具有显著效果。

在学习苏联教育理论、宣传介绍苏联教育经验的基础上，1952 年，河南省中小学结合教学改革，开始全面学习苏联教育经验。至 1954 年，全面学习苏联教育理论和教育经验达到高潮。1956 年 4 月，中国中小学教师访苏代表团报告大会在郑州举行。河南省 2000 余名教师代表和教育行政干部听取了苏联教育工作的经验。大会报告了苏联教师在苏共领导下积累起来的成功的教育经验，特别是实施综合技术教育的经验和教学工作经验，苏联教师对工作的高度责任感及善于利用直观教具，重视启发学生积极思维，注意对学习新学知识经常性的复习巩固工作经验等，对于提高全省教育工作质量有着极其重要的实际指导意义。这次大会，推动了全省学习苏联经验的热潮。

河南省中小学的改造和建设，在继承发扬河南老革命根据地和解放区的教育经验与批判忽视文化科学知识的基础上，主要借鉴了苏联的教育经验，其目的是改造旧教育制度。基本上以苏联凯洛夫《教育学》为蓝本，一方面学习凯洛夫《教育学》等苏联的教育科学，建设新中国教育科学；另一方面，在教育实践中吸收、移植苏联教育有益经验，注意培养全面发展的建设者，重视基础理论、基本知识、基本技能的教育。发挥教师的主导作用，建立以课堂教学为中心的教学体制。新中国成立以后的相当长的一段时间，河南省的教育事业基本上是围绕这一模式进行不断的改革和完善的。

总的来看，借鉴苏联中小学教育教学工作经验，对于培养德智体美劳全面发展的建设者和劳动者起过重要的历史作用；对于教育坚持社会主义方向，建立比较稳固的社会主义教育体系，使中小学教育教学工作符合教育规律作出了可贵贡献。但是，由于凯洛夫《教育学》过于强调集中统一和教育制度的正规化，因此，在一定程度上忽视了学生的独立思想与创新精神，忽略了学生是学习的主体，致使人才培养整齐划一，缺乏创造性，缺乏工作能力。1956 年，在全面发展与因材施教关系的讨论中，全省部分中小学教育工作者发出了重视学生个性发展的呼吁，针对教学要求的课外活动整齐划一的做法，强调必须创造必要的条件，积极引导学生参加多种多样、生动活泼的课外活动。

教学是学校教育的中心环节。为贯彻党的教育方针，提高教学质量，新中国成立之初，河南省就十分重视教学改革。《中国人民政治协商会议共同纲领》规定，"人民政府应有计划有步骤地改革旧的教育制度、教育内容和教学方法"。1950 年，河南省教育工作计划提出，"整顿改造旧的领导方法和教育内容"。在 20 世纪 50 年代前期和中期，全省各级各类学校相继开展了多种形式的教学改革，推动了教育教学质量的提高。

新中国成立后，全省小学教学随着社会发展和政治经济变化不断改革。1950 年，省文教厅印发了各级小学课程及教学时间规定。这是新中国成立后河南省有关小学教学的第一个规定。根据这一规定，小学主要开设国语、算术、常识、劳美、体育、音乐、唱游等课程。1952 年，教育部颁发《小学暂行规章（草案）》，提出第一个五年一贯制的小学教学计划，规定小学课程设置为语文、算术、自然、历史、地理、体育、图画和音乐。在执行过程中，全省小学教育坚持理论联系实际的教学方法。教师根据学科系统，正确地结合儿童生活经验以及社会自然实际，适当运用实际事物进行教学。坚持以课堂为教学的基本形式，坚持课内外活动配合进行。1953年，省教育厅转发教育部《小学（四二制）教学计划（草案）》。1955年河南省执行新的部颁小学教学计划，开始实施基本生产技术教育，加强了劳动教育及体育课，从而更完整地体现了全面发展的教育方针。在小学教材上，1950年全省教育会议规定，小学课程取消国民党设置的公民课、童子军训练课，同时增设政治教育课。语文、历史课使用以老解放区教材为基础新编的课本，算术也使用新编课本，增强了教材内容的思想性、科学性和系统性。1956年秋，全省小学开始使用教育部统编教科书。

河南省小学教学改革的重点是教育内容的改革，"即根据社会主义的教育原则，按照辩证唯物论的观点和理论与实际联系的方法，吸收老解放区的优良经验和苏联的先进经验，并结合我国当时的实际情况，修订中小学和各级师范学校教学计划，改编教学大纲和教科书"。1949年9月，省文教厅制定、颁发了河南省中学课程暂行编制及每周教学时数，开设社会科学、国语、算学、生物学、生理卫生、物理、化学、动物、植物、历史、地理、体育、音乐、劳作、美术、外国语等科目。1951年，省文教厅制定、颁发了全省中学暂行教学计划，对课程设置和教学时数又做出新规定。课程开设改为政治、语文、数学、植物、动物、生理、生物、化学、物理、历史、外国语、体育、音乐、美术、制图等。为使劳动教育更能结合国家建设和工农业生产需要，1955年，省教育厅指示学校加强劳动教育，增加综合技术教育因素。此后，全省中等学校普遍把生产劳动作为一门课程，列入教学计划。

在贯彻执行中学教学计划时，各地学校普遍重视思想政治教育和道德品质教育，文化科学基础知识和智能培养，并注意增强学生体质，培养学生的鉴赏能力和进行劳动技术教育。在课程安排上，不仅强调统一的必修课，同时也适当开设了一些选修课，以发展学生的兴趣、爱好和特长。另外，改进教学方法和考试方法，减轻学生学习负担，使学生能够生动、活泼、主动地学习，也被提到一定高度。这一时期，在教学上，也有一些教训，主要是教学计划变更较多，缺乏相对的稳定性，不利于教师积累经验，不利于提高教学质量。

新中国成立初期，中学教学强调反对注入式、提倡启发式，禁止对学生进行体罚或变相体罚。为加强对中学各科教学工作的研究和指导，1952年，省文教厅成立了教学研究室。1954年，全省开始系统学习苏联的教育理论和教学方法。省教育厅提出教学是学校的主要任务，要求教师充分发挥主导作用，大力改进教学方法。1955年，省教育厅要求全省中学恰当安排教材，改进教学方法，减轻学生课外作业。要求教师加强教学研究，不断提高教学质量。同时，省教育厅指示进一步加强劳动教育和综合技术教育。

在培养小学和幼儿园师资工作上，河南省采取了长期培养和短期训练并举的办法。1950年，省文教厅颁发短期师资训练班设置办法，采用单元教学制，先政治学习，后业务学习。为了有计划地进行教学，各种课程按照分阶段、有重点、少而精的原则，适当分配排列。在教学方法上，本着理论与实际相一致的精神，灵活运用。1952年，省教育厅重新颁发短师班实施办法，改革了课程设置，注意坚持适合对象、切合实际、少而精的原则，分阶段、有重点地进行教学。同时，省教育厅提出中师教学工作必须遵循以上课为教学的基本方式，教师充分掌握教材内容，注意教学方法；同时，在教师的示范作用下，使学生领会各科教学方法的特点。在教学中，着重启发学生的自觉性、积极性，以培养其独立思考和工作的能力。重视体育、卫生、音乐以及其他文娱活动，以培养学生健康的身体，活泼奋发的精神，爱运动、讲卫生等习惯及艺术的兴趣和技能。师范学校除上课外，还注意参观、实习，以便学生在实践中提高其专业知识和技能。师范学校和各科教学面向小学（幼儿师范面向幼儿园）实际，贯彻理论与实际相结合的原则。

根据教育部指示，1955年河南省在中等专业学校按普通课、基础技术课及专业课分别成立学科委员会，负责教学、科研中的重大和具体问题，组织教师系统地提高业务水平。1956年后，学科委员会陆续改为教研组。为培养提高中专学生运用获得理论知识解决具体生产技术问题的独立工作能力，帮助他们解决在设计过程中所产生的问题，根据教育部指示，各中等专业学校为各班学生指派课程设计指导教师，在课堂上下进行指导。此外，各中专学校还开展了毕业设计工作。这一工作，对于检查学校所培养的人才是否合格，进一步提高教学质量具有积极意义。

四 快速发展

由新民主主义向社会主义的转变，实际上是旧的体制向新的体制过渡。在过渡时期，不可能建立完善的社会主义教育体制，只能是进行初步的探索，积累经验。这一时期，河南基础教育事业得到迅猛发展。

（一）整顿与发展

新中国成立初期，河南省基础教育相当薄弱。党和政府十分重视基础教育，及时着手整顿和发展。当时，河南全省仅有 7 所幼儿园，在园幼儿500 人。1949 年 12 月，河南省开始对幼儿园进行改造、整顿和创建。在开封，把原设在小学的幼稚班改为全日制幼儿园，增加班次，发展幼儿入园，同时将 2 所民办幼稚园改为寄宿制幼儿园。在郑州，由市政府、市民政局创办幼儿园，吸收市局机关干部职工子弟入园。1950 年下半年，中共河南省委行政处育英托儿所交省民政厅领导，吸收县团级以上干部的学前幼儿入园，不久改名育英幼儿园，后又改名省实验幼儿园。1951 年 1 月，按照教育部指示，河南省接收了外国设在河南各地的"孤儿院""慈幼院""育婴堂"等，收回了幼儿教育的自主权。1956 年，随着社会主义改造的胜利进行和工农业生产的迅速发展，根据教育部、卫生部、内务部联合通知，河南省提倡在城市由厂矿、企业、机关、团体和群众举办幼儿园、幼儿班；在农村，由农业社举办幼儿园、托儿所。各地发动群众自筹资金，幼儿入园自带桌凳，教师就地录用，发展了多种形式的托幼机构，使幼儿入园人数大量增多，幼儿园由 1955 年的 185 所增加到 1956 年的 1329 所，入园幼儿由 1.16 万人增加到 6.42 万人。其中民办幼儿园入园人数占入园儿童总数的 83%。

在小学教育上，省政府提出，在国民经济恢复时期，小学教育要为恢复和建设服务。小学教育已恢复的地区要整顿、改造，未恢复的地区要重点恢复起来；小学教育改造主要是更换新课本、改造师资、变更与创造新的辅导制度。1950 年，省文教厅要求小学教育在上年整顿、改造的基础上，巩固现有的学校，在可能和必要的条件下适当发展，尽可能达到区设完全小学，乡设中心小学；积极扶植私立小学，加强领导，在必要与可能时给予经济帮助。当年，全省小学在校生从 191 万人增加到 212 万人。1952 年 3 月，教育部颁行《小学暂行规程（草案）》，对小学教育的宗旨、培养目标及学制、教学、经费、领导管理等做出规定。随着土地改革的完成和工农业生产的发展，全省人民群众送子女入学的积极性增高，小学在校学生从 1951 年度的 280 万人增加到 356 万人。9 月，遵照中央指示，由政府接办当时的私立小学 476 所，改为公立小学，农村的所有小学也一律改为政府包下来。1953 年 8 月，省人民政府要求各机关、团体、厂矿、公私营企业，根据需要与可能的条件自行或共同联系举办小学。1955 年，贯彻全国文教工作会议精神，积极提倡民办小学，并切实贯彻自觉自愿原则，加强对民办小学的领导，使其逐步巩固和发展。全省计有民办小学 804 所，在校生 108400 人，占小学在校学生总数的 2.1%。1956 年，省教育厅进一步提出，必须把民办小学看成小学教育的组成部分，与公立小学一视同仁。当年，全省民办小学学生占小学生总数的 2.6%；全省小学学龄儿童的入学率，由 1955 年的 59.73%增长到 65.1%。在农业合作化高潮中，随着社会主义改造的深入和工农业生产的发展，小学学生逐年增多，而初中的发展由于受到师资、校舍、经费的限制，增长较为缓慢，使小学毕业生升学率下降。1956 年秋，南阳、信阳等专区选择了一些较好的完全小学，招收一部分小学毕业生，办起了小学戴帽的初级中学。1957 年初，省教育厅推广这一经验，用小学附设初中班的办法扩大初中招生。这一办法得到毛主席的肯定，很快在全省各地得到推广。

1949 年，河南省仅有普通小学 111 所，高中在校生 3900 人，初中在校生 37000 人。到 1956 年，河南省普通中学已发展到 459 所，在校生 312000 人。为了对旧教育进行有计划、有步骤和谨慎的改革，省教育厅接管国民党政府的公立中学，接办了开封、郑州和信阳专区的私立中学及教会中学，各地市、县也相继接管了旧有学校。对接受外资津贴的私立学校进行校政革新运动。对中学教育的培养目标、教育制度、课程设置、教学内容和方法，进行了根本性改革。利用寒暑假举办教师讲习会或训练班，对教师进行思想政治教育。1950 年初，河南省贯彻"向工农开门"、为工农服务的方针，中等学校招生优先录取工农子女，采用发放人民助学金的办法，解决工农子女学习期间生活上的困难。为加快培养工农出身知识分子，开封、新乡各创办了 1 所工农速成中学。土地改革结束后，农民从政治上、经济上翻了身，随着农业生产发展和群众生活水平的提高，人民群众要求多办中学。1952年，根据教育部指示，河南省将私立中学全部改由政府办，成为公立中学。1953年，按照"整顿巩固，重点发展，提高质量，稳步前进"的工作方针，针对全省高中赶不上高等学校招生需要这一实际情况，重点发展了高级中学。

表1-1 1950年河南省中学基数

单位：所，人

类别		学校数	学生数	教员数	本年毕业生
中学	公立	126	47419	2329	5807
	私立	11	2137	120	370
	合计	137	49556	2449	6117
中师		45	5897	542	1198

资料来源：根据河南省档案馆1950~1956年馆藏教育相关档案整理而成。

表1-2 1950年河南省小学基数

单位：所，人

类别	学校数	学生数	教员数
公立	8945	663797	22020
私立	54	5142	190
其他部门立	13	4781	142
民办	10887	758352	25156
合计	19899	14320802	47508

资料来源：根据河南省档案馆1950~1956年馆藏教育相关档案整理而成。

表1-3 1951年河南省中学、中师基数

单位：所，人

类别		学校数	学生数	教员数	本年毕业生
中学	公立	146	57436	2785	7133
	私立	11	3881	157	442
	合计	157	61317	2942	7575
中师		74	12135	980	2256

资料来源：根据河南省档案馆1950~1956年馆藏教育相关档案整理而成。

表 1-4 1951 年河南省小学基数

单位：所，人

类别	学校数	学生数	教员数
公立	10713	1130721	28267
私立	74	8211	220
其他部门立	18	6431	156
民办	14890	1447847	36190
合计	25695	2593210	64833

资料来源：根据河南省档案馆 1950~1956 年馆藏教育相关档案整理而成。

表 1-5 1953 年河南省中小学及幼儿园基数

单位：所，人

类别		学校数	学生数	教员数	本年毕业数
中学	公立	198	167936	6537	13884
	私立	2	448	16	—
	其他部门立	1	1313	63	27
	合计	201	169697	6616	13911
中师		73	33739	1535	3941
小学	公立	29518	4292665	119817	692916
	私立	16	2279	62	1430
	其他部门立	36	12911	502	2637
	民办	300	18497	533	1115
	合计	29870	4326352	120914	698138
幼儿园	公立	69	4060	202	1380
	私立	—	—	—	—
	其他部门立	5	375	19	128
	民办	50	2731	91	—
	合计	124	7166	312	1508

资料来源：根据河南省档案馆 1950~1956 年馆藏教育相关档案整理而成。

表 1-6　1954 年河南省各级各类学校及幼儿园统计情况

单位：人

类别	本年初学生数	毕业生数	计划招生数	实际招生数
高等学校	989	237	—	250
高等师范	2269	795	1925	1976
高级中学	16423	3019	9700	10622
初级中学	152685	29587	74850	87272
小学	4326352	961782	1487355	1509576
高小	593180	273025	—	490856
初小	3732542	688757	—	1018720
幼儿园	4060	1759	—	1601

资料来源：根据河南省档案馆 1950~1956 年馆藏教育相关档案整理而成。

表 1-7　1954~1955 学年度河南省小学统计情况

单位：所，人

	初小	高小	完小	合计
小学数	25932	365	3985	29322
学生数	3632467	746996	—	—

注：1954 年河南省不少地区遭受水灾，加上其他原因，学生减少很多，因而形成学生少、编制大的现象，如沈丘县 1954 年下半年因水灾减少约 3000 人。

资料来源：根据河南省档案馆 1950~1956 年馆藏教育相关档案整理而成。

表 1-8　1954~1955 年度河南省中学统计情况

单位：所，人

类别	学校数	学生数
初级中学	238	202955
高级中学	16	23849
完全中学	26	—
合计	280	226804

注：完全中学的学生数分别统计在高中和初中段，不单独统计。

资料来源：根据河南省档案馆 1950~1956 年馆藏教育相关档案整理而成。

表 1-9　1955~1956 年度河南省中学统计情况

单位：所，人

类别	学校数	学生数
初级中学	281	211108
高级中学	20	29262
完全中学	24	—
合计	325	240370

注：完全中学的学生数分别统计在高中和初中段，不单独统计。

资料来源：根据河南省档案馆 1950~1956 年馆藏教育相关档案整理而成。

表 1-10　1956~1957 年河南省普通教育事业年度计划

单位：人

	1956 年度计划			1957 年度计划		
	新招生	毕业生	学年初学生数	新招生	毕业生	学年初学生数
高等师范	5000	1410	7238	6000	735	12503
其中：本科	1720	177	3712	2000	489	5223
专科	3280	1233	3526	4000	246	7280
高中	20200	7916	41546	30000	10566	60980
初中	102000	51974	261134	14500	81963	324171
小学	1938	1105	5261	2112	1253	6120
其中：高小	566	393	1089	692	513	1268
初小	1372	712	4172	1420	740	4852
幼儿园	—	—	516816	—	—	783000

资料来源：根据河南省档案馆 1950~1956 年馆藏教育相关档案整理而成。

1954 年 9 月 16 日，《河南省整顿和改进小学教育工作修订方案》公布。

1955 年第一季度，全省除舞阳、永城、太康整顿尚未结束，9 个重灾县未进行整顿外，其他 110 个县市都先后结束了整顿工作。

1955 年，《整顿和改进小学教育工作总结（初稿）》指出：

52 年底，我省已有公立小学 31358 所，教职员工 118844 人，小学生 4802792 人，小学生数较 1950 年的 1432082 人增加两倍多，占省总人口的 11%。

1956 年 11 月 25 日，张柏园同志在文教工作座谈会上的发言指出：

> 我省中小学教育和工农业余教育已有很大的发展。解放初期，我省仅有高中学生 3880 人，现在已有学生 44587 人；（解放初期）初中学生 36954 人，现在已有学生 262383 人，学校已有 658 所；小学生已达 4944429 人。

1956 年 11 月 25 日，《目前中等学校教育中存在的问题和今后改进意见的报告（草案）》指出：

> 我省中等学校教育一年来有很大的发展和进步，学校由 346 所发展到 856 所（初中 658、高中 150、师范 48）。……教育质量不高的表现尤为突出。近两年来，我省高中毕业生投考高等学校的考试成绩是华北几省最差的。

1956 年 5 月，成立文教部。

（二）有计划按比例发展

1950~1952 年是国民经济恢复时期。河南省各级人民政府遵照第一次全国教育工作会议精神，以老解放区教育经验为基础，吸收旧教育有用经验，学习苏联经验，肃清封建的、买办的、法西斯主义思想，发展为人民服务的思想，培养国家建设人才；坚持为工农服务，各级学校为工农开门的方针，创办工农速成中学、工农速成初等学校。1952 年，河南省采取短期速成与长期培养相结合，大量举办短期师资训练班，迅速有效地为中小学培养师资，经过恢复、整顿和发展，在国民经济恢复时期，取得了一定成就。1952 年与 1949 年相比，中等学校学生增长 248.52%，教师增长 194.53%；小学学生增长 168.42%，教师增长 187.25%，远远超过了国民党统治时期河南教育的发展速度。学龄儿童入学率由 22.01% 提高到 55.82%。业余教育也有很大的发展，参加学习的人数达 146 万人。但是，由于缺乏经验，在这一时期，也一度出现了贪多图快、忽视质量的倾向。

1953~1957 年是第一个五年计划时期。1953 年，遵照中央提出的"整顿巩固，重点发展，保证质量，稳步前进"的方针，河南省对中学进行了适当发展，初级师范进行了收缩，小学进行了整顿、巩固和提高工作。1954年，根据党在过渡时期的总路线、总任务和第一个五年计划的基本任务，全省教育工作依据国家建设需要，协同有关部门对中等专业学校进行了整顿和发展，对高中也适当发展，同时，积极办好高、中等师范教育，对小学和幼儿教育着重进行整顿、提高；切实整顿和办好工农速成中学，重视工农业余教育和扫盲工作。1955 年，根据教育部"以提高质量为重点，有计划有重点地稳步发展"的指示，河南省确定，普通教育在提高教育质量，贯彻全面发展方针的同时，实施生产技术教育，扫除文盲，克服农村文化落后状态。1956 年，由于全省农村社会主义合作化运动的发展和手工业、资本主义工商业的社会主义改造提前实现，教育事业落后于经济建设。因此，根据教育部提出的"加速发展，提高质量，全面规划，加强领导"的方针，省教育厅制定了 12 年远景规划，提出普通中学教育大量发展，增加高、初中学生，小学教育加速发展，师范教育大力发展。5 年内基本扫除文盲。1956 年，由于发展速度过快，超过了可能条件，1957 年中央提出"适当收缩，保证重点"。河南省提出，高等和中等师范、高中、工农业余教育可适当发展。中学设置适当分散，小学学生数基本维持 1956 年的水平，并提出农村小学应采取多种形式，除国家办学外，大力提倡群众集体办学。

第一个五年计划结束时，河南省中等学校学生达到 551221 人，较 1952年增长 221.41%，教师达到 20681 人，增长 186.72%；小学学生达到 493.3万人，较 1952 年增长 13.85%，教师达到 140243 人，增长 32.24%，学龄儿童入学率达到 62.36%。每万人口中的中、小学学生人数分别为：中等学校113.89 人，小学 1019.37 人，较 1952 年分别增加 66.05 人、41.66 人。参加业余学习的人数达 524 万人，较 1952 年增长 258.9%。新中国成立初期的1949 年至 1956 年，河南省教育事业基本上适应全省经济社会发展的需要，标志着河南省教育事业开始走向成熟，进入一个新的发展时期。

第二节　曲折发展

在生产资料私有制的社会主义改造基本完成之后，教育工作者开始探索适合中国国情和河南省情的发展道路。从 1957 年到 1966 年 5 月，是全国开始社会主义初步建设的十年。此间，河南同全国一样，进行了适应社会主义建设需要的教育改革实践，在探索中付出了不小的代价，也取得了一些成功经验，经历了"整风反右"、教育革命和教育事业调整的曲折发展过程。

一　教育革命

1958 年 9 月 19 日，中共中央、国务院发出《关于教育工作的指示》，明确系统地提出党和国家的教育工作方针，即"党的教育工作方针，是教育为无产阶级政治服务，教育与生产劳动相结合；为了实现这个方针，教育工作必须由党来领导"。河南教育在上述教育方针的指导下，教育革命全面兴起，勤工俭学遍地开花，积累了许多经验。但是，由于"左"倾错误思想的影响，片面突出为政治服务，过分强调生产劳动，社会上不断开展的运动冲击教育、教学工作，致使教学质量在"大跃进"期间明显下降，付出了沉重的代价。

（一）河南教育事业的全面"大跃进"

1956 年 9 月，党的第八次全国代表大会通过了《关于发展国民经济的第二个五年计划》。根据党的八大会议和"二五"计划建议报告的要求，国家高教部和教育部分别制定了第二个五年教育发展计划和 1958 年教育事业计划，提出高等教育要采取着重提高质量和有重点地稳步发展数量的方针，适当地调整培养各科各类专业干部的比例，积极创造条件发展科学技术的缺门专业，五年计划高校学生增长 1 倍左右。因此要积极稳步地推进夜大学、函授大学教育。普通教育在提高教育质量的基础上，积极发展高级中学和初级中学，逐步普及小学教育，努力扫除文盲，有计划、有步骤地推行文字改革，逐步举办工农业余小学、中学，保证工农群众文化水平的不断提高。这是一个适合中国国情、积极而稳妥地发展教育事业的计划。然而这个计划开始在全国实行不久，即被当作右倾保守的东西而遭到抵制。1957 年"反右派"斗争的影响更加促使了党内"左"倾错误的发展。

1956 年 11 月 12 日，根据中央精神，河南省一届人大二次会议提出要克服保守思想，积极组织农业生产"大跃进"。12 月，中共河南省委制定了《河南省贯彻执行 1956～1976 年全省农业发展纲要（修正草案）的规划》，提出从 1956 年算起，要在 12 年内基本上扫除全省青壮年文盲，在 7 年内争取所有的适龄儿童都能入学。这是河南省教育"跃进"的前奏。1958 年 1 月，在中共河南省委常委会上，跃进的调子骤然升级。会议提出"苦战三年，从根本上改变河南的自然面貌"的口号，要求在第二个五年计划内消灭文盲，并基本普及小学和初中教育。会议号召各级党组织克服一切右倾保守思想，领导群众全面"大跃进"。根据省委指示精神，1958 年 2 月，省教育厅召开了全省教育行政会议，教育"大跃进"的具体规划正式出台。这个规划计划 1958 年发展小学生 116.5 万人，初中生 38 万人，使适龄儿童入学率和高小毕业生升入初中的比例均能达到 80%，1959 年再达到 90%。扫除文盲工作争取在两年内基本完成。会上介绍了郾城县白坡乡所谓 7 天普及初中和小学教育的经验和登封县成为全省第一个"无文盲县"的经验，结果引起连锁反应，人们的情绪激动、亢奋，跃进的口号像吹肥皂泡一样越吹越大。由于这次会议的"热效应"，省委于 3 月在登封召开的地市委第一书记会议上，确定了全省年底实现"无文盲省"和普及中小学教育的目标。

河南教育"大跃进"是伴随着全省乃至全国的工农业生产"大跃进"同步进行的，其主观出发点是基于迅速改变河南教育事业的落后面貌，争取用最快的速度培养出数量多、质量高的建设人才，以满足人民群众对文化教育的需求。客观地说，也是党在建设社会主义教育体系过程中的一次探索。但是由于过分强调人的主观能动性，忽视了当时社会经济的客观条件和教育发展的客观规律，结果是欲速则不达，反而给教育事业造成了不应有的损失。

在 1958～1960 年的教育"大跃进"中，河南省各级各类教育事业出现了超越客观条件的盲目发展。1959 年，全省小学校数从 1956 年的 28428 所猛增到 40209 所，中学从 1956 年的 459 所增长到 3873 所，普通高等学校从 1956 年的 7 所增长到 42 所，各种业余学校、扫盲班更是不计其数。在这么短的时间内竟有如此迅猛的发展，是一种极不正常的虚假观象。

（二）群众办学热潮

1958 年河南省贯彻全党全民办学的方针，迅速掀起了大办学校的运动。不到半年时间，高等学校就由原来的 7 所增加到 42 所，没有校舍和教师就将中学改大学，中专升格办大学，即所谓"穿靴戴帽"；生源不足，就动员转业军人、机关干部上大学，还把高中一、二年级的学生整个班或年级转为大学预科，这种状况一直延续到 1960 年。当时经省以上批准的高等学校由 42 所增至 67 所，地市以下自己办的大学无法统计，全日制高校在校生达29800 多人。全省普通小学不到两个月时间就办起 37000 多所，学生达 230万人，适龄儿童 93％进了学校；普通中学也迅速膨胀，其中高中发展到 208所，学生 66300 人，初中发展到 2530 所，学生 599700 人。两个月的发展超过了过去 8 年的发展。全省各地几乎"社社有中学，村村有小学"。这些学校有全日制、半日制，有早校、夜校、业余学校、补习学校，在山区还有巡回学校、一揽子学校。群众的办学热情很高，在校舍、设备缺乏的情况下，因陋就简，利用祠堂、牛屋、庙宇作教室，用木板、砖头作桌凳和学生自带，很多学校没花一分钱办起来。

不可否认，群众办学热潮中所办的各级各类学校，确有一些好的或较好的，但绝大多数学校由于突击建成，经费不足，校舍简陋，教学设备及师资条件较差，教学效果不好，教育质量难以保证。

1959 年，为了把中学办好，河南省采取办重点中学的措施，省教育厅确定郑州一中、省实验中学、新乡市一中、开封市第一高中、开封市女子高中、商丘高中、安阳市一中、南阳市一中、许昌市高中、洛阳一中 10 所中学为省重点中学。各地市县也分别确定了一批重点中学。年底，省教育厅又确定开封师院附中、兰考二中、巩县一中、汲县一中、滑县一中、林县一中、偃师高中、洛阳一高、漯河一高、许昌市一中、唐河一中、内乡一中、商丘一中 13 所中学为省重点中学。实践证明，办重点中学对发展河南中等教育事业起到了积极作用。

表 1-11　1958 年我国与主要社会主义国家苏联及主要资本主义国家
美国学生与人口的比较

单位：万人，人

1958 年	小学		中学		中等专业学校		高等学校	
	学生数	每百人中的学生数	学生数	每千人中的学生数	学生数	每万人中的学生数	学生数	每万人中的学生数
中国	8640	12.9	1052.8	15.7	147.0	21.9	66.0	10
苏联	2400	12.0	813.5	40.7	201.1	100.6	215.0	107
美国	3067	17.7	842.4	48.8	59.1	34.2	325.9	188

资料来源：根据河南省档案馆 1958~1965 年馆藏教育相关档案整理而成。

表 1-12　1958~1959 学年初河南省普通中学综合情况

项目		初级中学	高级中学	中学	合计
学校数（所）	国家办学	1005	51	146	1202
	厂矿企业机关团体办	26	—	1	27
	合计	1031	51	147	1229
班数（个）	国家办学	7321	1505	—	8826
	厂矿企业机关团体办	114	14	—	128
	合计	7435	1519	—	8954
学生数（人）	国家办学	370369	64770	—	435139
	企业、机关团体办	5937	651	—	6588
	合计	376306	65421	—	441727

资料来源：根据河南省档案馆 1958~1965 年馆藏教育相关档案整理而成。

表 1-13　1958~1959 学年河南省社办中学综合情况

	学校数（所）	班数（初中/高中）（个）	学生数（初中/高中）（人）	教员（人）
社办中学	1509	4553/20	223429/869	6420

资料来源：根据河南省档案馆 1958~1965 年馆藏教育相关档案整理而成。

表 1-14　1958~1959 学年河南省小学综合情况

项目	学校数（所）				班数（个）				学生数（人）		
	初小	高小	完小	合计	初级	高级	混合班	合计	初级	高级	合计
国家办学	12827	398	5838	19053	81091	22528	30	103649	3966002	1063649	5029651
厂矿企业机关团体办	17	3	56	76	504	174	1	679	24613	6717	31330
人民公社办	11266	295	345	11906	32059	3262	12	35333	1445073	132493	1577566
合计	24110	686	6239	31035	113654	25964	43	139661	5335688	1202859	6538592

资料来源：根据河南省档案馆 1958~1965 年馆藏教育相关档案整理而成。

表 1-15　1959~1960 学年初河南省普通中学综合情况

项目	学校数（所）				班数（个）			学生数（人）		
	初中	高中	完中	合计	初中	高中	合计	初中	高中	合计
教育部门立	1053	61	139	1253	8218	1806	10024	422870	76680	499550
其他部门立	21	—	2	23	133	17	150	6563	788	7351
人民公社办	607	—	—	607	1862	2	1864	93949	77	94026
群众自筹经费办及私立	8	2	—	10	79	7	86	3287	304	3591
总计	1689	63	141	1893	10292	1832	12124	526669	77849	604518

资料来源：根据河南省档案馆 1958~1965 年馆藏教育相关档案整理而成。

表 1-16　1959~1960 学年初河南省小学综合情况

项目	学校数（所）				班数（个）				专任教师（人）		
	初小	高小	完小	合计	初小	高小	混合班	合计	初小	高小	合计
教育部门立	17803	500	6668	24971	83590	26208	98	109896	88170	34261	122431
其他部门立	79	—	70	149	852	222	3	1077	1201	363	1564
人民公社办	14365	340	378	15083	43347	2992	26	46365	47557	3667	51224
民办及私立	6	—	—	6	46	21	—	67	66	15	81
总计	32253	840	7116	40209	127835	29443	127	157405	136994	38306	175300

资料来源：根据河南省档案馆 1958~1965 年馆藏教育相关档案整理而成。

表 1-17 1960 年河南省普通中学综合情况

项目	学校数（所）				班数（个）		
	初中	高中	完中	合计	初中	高中	合计
教育部门立	1204	71	151	1426	10210	2294	12504
其他部门立	30	1	5	36	239	26	265
人民公社办	192	3	2	197	728	8	736
总计	1426	75	158	1659	11177	2328	13505

项目	在校生数（人）			专任教师（人）		
	初中	高中	合计	初中	高中	合计
教育部门立	498167	88626	586793	20941	4283	25224
其他部门立	10894	1108	12002	479	54	533
人民公社办	34319	368	34687	1141	23	1164
总计	543380	90102	633482	22561	4360	26921

资料来源：根据河南省档案馆 1958~1965 年馆藏教育相关档案整理而成。

表 1-18 1960 年河南省小学综合报表

项目	学校数（所）				班数（个）				专任教师（人）		
	初小	高小	完小	合计	初小	高小	混合复试班	合计	初小	高小	合计
教育部门立	16469	426	7843	24738	85013	29590	1733	116336	91990	497655	141755
其他部门立	115	4	88	207	1080	282	56	1418	1599	555	2154
人民公社办	11434	114	369	11917	45070	3044	735	48849	51398	3628	55026
总计	28018	544	8300	36862	131163	32916	2524	166603	144987	53948	198935

资料来源：根据河南省档案馆 1958~1965 年馆藏教育相关档案整理而成。

表 1-19 1957~1965 年河南省集体举办的小学教育事业发展情况

年份	合计			耕读小学			全日制小学			占小学总数的比例（%）	
	校数（个）	学生数（人）	教职工数（人）	校数（个）	学生数（人）	教职工数（人）	校数（个）	学生数（人）	教职工数（人）	学生	教职工
1957	3447	235054	6952	—	—	—	3447	235054	6952	4.76	4.63

续表

年份	合计			耕读小学			全日制小学			占小学总数的比例（%）	
	校数（个）	学生数（人）	教职工数（人）	校数（个）	学生数（人）	教职工数（人）	校数（个）	学生数（人）	教职工数（人）	学生	教职工
1958	11906	1601632	42548	—	—	—	11906	1601632	42548	24.40	25.03
1962	12996	1232346	41948	—	—	—	12996	1232346	41948	26.10	24.08
1963	12817	1169602	44019	—	—	—	12817	1169602	44019	25.10	24.61
1964	49206	2142894	90453	30807	607699	34265	18399	1535195	56188	35.40	39.90
1965	114740	3943462	170705	100000	2456280	118020	14740	1487182	52685	49.30	54.10

资料来源：根据河南省档案馆 1958～1965 年馆藏教育相关档案整理而成。

（三）人民公社办中学

人民公社办中学教育也是河南省教育"跃进"的一大特色，是在贯彻"两条腿走路"的方针，实行全党全民办学，大搞群众运动中创办和发展起来的。

1957 年春，刘少奇视察河南工作后所作的发动群众办学的指示，促进了全省中等教育的发展。一年内民办中学达到 1749 所，学生 14.9 万人（其中完中 9 所、高中 3 所），当时举办民办中学的主要目的，在于解决高小毕业生的升学问题，虽然学校的校舍、设备和师资条件缺乏，但基本上是全日制普通初中。1958 年 2 月，省委在组织河南全面"大跃进"的规划中对中等教育提出了大普及大改革的要求。3 月，时任中央宣传部部长陆定一在江苏一个民办农业中学座谈会上指出："动员群众力量办各种职业中学特别是农业中学，使不能进普通初中的小学毕业生都能升学，这是一个好办法。办农业中学，不但有利于教育事业的大跃进，而且也有利于农业生产的大跃进。"由于长葛三中勤工俭学受到了毛主席的表彰，1958 年春，中共河南省委文教部在长葛召开会议宣传推广各地群众办学、勤俭办学与勤工俭学的典型经验，全省开始了普及中等教育运动，民办中学得到迅猛发展。6、7 月间，在人民公社化运动中，各地公社进一步大办中学，民办中学也改称社办中学，并建立了各种不同性质的农（职）业中学。这一时期，社办中学发展了 30 余万人。社办中学大部分实行半日制，每周上课 24 小时。有的地方还办了每周上课 10～12 小时的正规早校和晚校，以解决年龄较大的学生参加生产与学习的矛盾。1959 年春，结合整顿和建设人民公社，对社办中学进行了一定程度的整顿，适当调整了学校的设置和规模，充实和加强了学校领导骨干。有些学校还建立和扩大了生产基地，增加了校舍设备和经费。还将部分超龄生转为业余学员，解散了一批不合格的社办中学，使社办中学学生减少到 16 万多人。但是，这次整顿很快被批判为右倾保守主义。接着在持续"大跃进"的形势下，1959 年下半年又发展了 19.3 万人。1960 年初，全省社办中学达 2829 所，在校学生 36.6 万多人，相当于公立初中的 85.5%（其中含普通中学、农业中学和职业中学）。

社办中学的发展有利于河南中等教育事业的发展与普及，是因为它绝大多数贯彻半工半读、就近入学的原则。学生一面读书，一面参加农业生产，不仅减少了国家集体和学生家长的经济负担，而且也为农业战线输送了一批初级技术人才。但是，社办中学在"大跃进"运动中发展过快过猛，师资力量、办学条件跟不上，大大影响了教育质量。

二　调整、巩固与发展

（一）教育事业的调整

1958 年 7 月 16 日，省委文教部《关于当前学校教育亟待解决的几个问题的报告》指出：

此次张柏园、王锡章等同志到下边去开教育会议，了解了在学校教育上存在几个亟待解决的问题，现特报告于后：

一、有的地方准备把小学和初中下放到农业社。这样的做法对学校教育是不利的，而且陆定一同志在中央会议上也讲过两次，指出这种做法不对。像这样重大问题的改变，应先经过试验。

二、有的地方准备取消公立学校学生的助学金。勤工俭学和助学金都是国家的政策，不能因为学校实行勤工俭学就取消助学金。……

三、有的地方因为办地方工业，准备把高中毕业生和高中在校学生抽出去参加地方工业。今年高中毕业生很紧张，首先应该满足中央一级大学招生需要，其次是本省需要，所以各地不能抽调高中在校及毕业生参加工作，可待大学招收之后，再由省内商量解决。

四、有些地方办了大学，在现有高中上戴帽子，把现有高中取消了，这样削弱了现有高中，影响今后为高等学校培养新生。

五、有的地方规定小学民办、中学公办，这种做法是不符合中央精神的。中央规定无论中小学以及大学教育都要两条腿走路，不能一条腿走路，只有这样才能把教育的路子拓宽。

以上几个问题，请省委能迅速通知各地，引起注意。

《1958~1962年教育工作规划（草案）》指出：

1957年我省高等学校学生比1952年增长了274.4%，中学和中等专业学校学生比1952年增长了220.8%，小学生比1952年增长了13.8%。

小学教育去春（1958年——编者注）已经普及；学前教育、中等教育和高等教育也有极大发展。现在，全省入园幼儿2658335人，比1957年增长918.9%；小学在校学生6538592人，比1957年增长37.5%；普通中学和各种职业中学学生757063人，比1957年增长47.6%；师范学校学生21666人，比1957年增长11.4%；中等专业学校学生39141人，比1957年增长99.5%。各人民公社相当普遍地建立了包括从幼儿、小学教育、中学教育到成人业余教育的教育体系，各专市已开始建立了包括工、农、医、师的高等教育体系的雏形。

具体规划是：

一、高等教育：五年（1958~1962年）内共招生16.66万人，发展14万人，至1962年在校学生达到15万人，为1957年的15倍以上。

二、中等专业教育：五年（1958~1962年）内共招生29.6万人，发展23.3万人，至1962年在校学生达到24万人，为1957年的33倍。

三、中等师范教育：五年（1958～1962 年）内共招生 12.4 万人，发展 6.5 万人，至 1962 年在校学生达到 8.5 万人，为 1957 年的 3.4 倍。

四、中学教育：五年（1958～1962 年）内共招生 263.9 万人，发展 145 万人，至 1962 年在校学生达到 190.8 万人，为 1957 年的 4.2 倍；高中共招生 56.2 万人，发展 42.7 万人，至 1962 年在校学生达到 48 万人，为 1957 年的 9.1 倍。

五、小学教育：五年（1958～1962 年）内共招生 3689.6 万人，发展 540 万人，至 1962 年在校学生达到 1023.8 万人，为 1957 年的 2.1 倍。

六、幼儿教育：五年（1958～1962 年）内共发展 494.1 万人，到 1962 年在园儿童达到 497 万人，为 1957 年的 1735.3 倍。儿童入园率达到 90% 以上。

……

上述规划的实现，至 1962 年，在全省人口每万人中，有幼儿入园者 944 人，小学生 1945 人（包括超龄生），初中生 363 人，高中生 91 人，中等专业学校学生 58 人，大学生 29 人……

根据上述规划，至 1962 年我省……幼儿教育普遍发展，绝大部分幼儿都能入园受着社会教育；小学教育在 1958 年基本普及的基础上，随着逐年扩大适龄儿童入学率，至 1960 年全省适龄的男女儿童都全部进入小学学习；基本普及了初中教育，高中教育也有很大发展，使初中毕业都能升入高级中等学校学习。……至 1962 年将在我省建立起完整的高等教育体系，初步形成高等教育体系：省内有一批健全的骨干院校，每个专区都具有相当规模的工、农、医、师高等院校，部分县市也建立高等院校，较大规模的人民公社、工厂矿山也都开始举办自己的半自制的高等院校，为第三个五年计划期间普及高等教育开了良好的道路。

1959 年 9 月 25 日，河南教育展览档案指出：

解放前我省只有大学一所，学生不过 804 人，从解放到 1957 年高等学校发展到 7 所，在校生达 8395 人。经过 1958 年大跃进，现在全省已有高等学校 42 所，在校学生 20821 人。现在在校学生比 1949 年增长 29 倍，比 1957 年增长 120%。

中等学校解放前全省只有百余所，在校学生只有 4 万多人。到 1957 年发展到 2200 多所，在校生达 55 万多人。1958 年人民公社办的农业中学大量发展，到 1959 年增长到 5 万 7 千多所，学生增长到 94 万多人。现在在校生比 1957 年增长 370%。

解放前全省小学学生不过 100 多万，到 1957 年，小学生已增长到 490 多万人。在 1958 年全党全民办学的热潮中，短短几个月的时间，全省就基本普及了小学。现在全省小学生达到 680 多万人。现在在校学生是解放前的 3.4 倍。

幼儿园在解放前几乎没有，全省入园儿童不过千人，到 1957 年发展到 2 万 8 千多人。在人民公社运动中，幼儿园飞跃发展，现在全省在园幼儿有 220 多万人，比 1949 年增长了 1900 多倍。

……

十年来我省各级各类学校为社会主义建设培养了大批人才。其中高等学校毕业生 9200 余人，中等学校毕业生 53 万多人，小学毕业生 260 余万人。拿开封师院来说，十年来共毕业 5110 人，为解放前河南大学十多年（1933~1946 年）毕业人数 1496 人的 3.4 倍。

1960 年 1 月 13 日，省教育厅《教育工作简报》第 5 号指出：

我省中小学在校学生历年来都有流动，据统计，初中：54 年招生，57 年毕业生流动 16.43%；55 年招生，58 年毕业生流动 14.39%；56 年招生，59 年毕业生流动 23.43%；57 年招生的年级，60 年 2 月学生流动 19.78%。高中：54 年招生，57 年毕业生流动 7.5%；55 年招生，58 年毕业生流动 12.49%；56 年招生，59 年毕业生流动 23.21%；57 年招生的年级到 60 年 2 月学生流动 16.98%。从数字中可以看出，后二年学生流动数字比较大。据我们调查，今年初中毕业生流动现象更为严重，打破历年来流动的规律。

流动的主要原因：1. 主观因素。部分学生学习目的不明确，思想意识不健康，未能树立艰苦学习、认真读书的雄心大志，因而流动一些学生，数量不是太大；2. 客观因素。如上所说，有些单位采取一些不应有的手段乱拉学生，还有部分学校及事业单位随意招收在校学生，如洛阳矿山机械厂技工学校未有请示批准，招收洛阳练庄社办中学学生11人，偃师县社办中学学生55人，洛阳技工学校招收洛阳六中二年级学生胡延寅，学校去人交涉，不让和学生见面。再者，由于农村需要知识青年和劳动力，因而公社常常安排在校学生工作，如老鸦陈社办中学原有学生434人，现在还有216人，流动218人，其中由公社安排留社工作当会计的9人，到社测量队10人，社办制药厂13人，当教师或营业员26人等。

严重的学生流动现象对于完成教育事业计划影响很大。

1960年2月16日，国务院全体会议第96次会议通过《国务院关于评定和提升全日制中、小学教师工资级别的暂行规定》（议字30号）。

1960年2月28日，《河南省教育计划工作初步总结（草稿）》指出：

现在全省已有高等学校42所，学生21413人，较1958年增长39.3%；中等专业学校71所，学生40109人，较1958年增长45.8%；中等师范学校90所，学生28228人，较1958年增长30.3%；中学3873所，学生859490人，较1958年增长13.6%；小学40209所，学生7263870人，较1958年增长10.7%；幼儿园78698所，入园幼儿2944778人，较1958年增长10.1%；各级各类业余学校入学人数已达1300多万人。已经提前三年完成或接近完成了我省各项教育事业的第二个五年计划。

现在已经做到专专有大学，县县有高中，社社有初中，队队有小学，生产队有幼儿园，广大城乡已经初步形成了学校教育网，……学龄儿童入学率已达90%以上，进一步普及了小学教育。青壮年中有50%以上已经摆脱了文盲状态，红专学校遍地开花，"万人教、全民学"的扫盲和业余教育运动正在一浪高过一浪地向前发展。教育事业大发展的同时，又全面安排了学校的教学、劳动和学生生活，创立了适合于全面贯彻党的教育方针的新的教育秩序，教育质量得到了逐步的提高。……

仅 1958 年一年，高等学校就增加了 35 所，为解放八年来新增加学校的近五倍多，在校学生数也增加了 5751 人，为解放后八年发展总数的 65%；小学发展了 162 万人，为第一个五年计划期间小学发展总数的 2.7 倍；扫除文盲 260 万人，等于八年来扫除文盲的总和。

发展教育事业，师资是先行。……为了适应教育事业大普及、大提高对师资的需要，必须实行全党全民为师范，采取长期培养与短期速成相结合的办法，大力发展师范教育。

1960 年 5 月 10 日，河南省人民委员会发布《河南省 1960 年高等学校教师工资调整方案》《河南省 1960 年全日制中、小学教师工资调整方案》，进一步提高了广大教师的社会主义和共产主义觉悟，使全体教师在政治思想、工作干劲上普遍提高一步，在最大限度内鼓舞教师的积极性。

1960 年 7 月 26 日，河南省人民委员会《关于转发教育厅、高教局〈关于增加各类重点学校的意见〉的通知》，重点中学原有开封市第一高中、开封市第一女子高中、商丘市高中、新乡市第一中学、安阳市第一中学、洛阳市第一高中、许昌市高中、信阳市第一高中、郑州市第一中学、南阳市第一高中 10 所，新增 21 所，共 31 所。

1960 年 9 月 9 日《关于普通中小学试行新学制的方案》指出：

目前，我省中小学新学制的试验应以十年分段制为主。十年的段落划分定为：小学五年，初中三年，高中二年。

试验新学制的学校，以现有十二年分段制过渡到新的学制，需要一个过程，一般可以三年、四年或五年完成。

小学今后不再分高小、初小，现有的四年制初小和完小，逐步过渡为五年一贯制小学。

1961 年 7 月 3~15 日，全国高等学校及中等学校调整工作会议在北京召开，会议提出"缩短战线、压缩规模、合理布局、提高质量"。

1961 年 7 月 17 日，中共郑州市委文教部在《对当前教育系统精简工作中存在问题的几点意见》中提出"调整压缩人员支援农业生产"。

1961 年 7 月 31 日，《关于学校调整压缩工作中几个问题的通知》发布。

1961 年 12 月 16 日，中共河南省委文教部在《关于调查普通教育工作的通知》中指出"发现问题及时解决，以改进当前中小学的教育工作"。

表 1-20　1956~1957 学年度小学综合情况（1957 年 2 月 8 日）

学校	初小（所）	高小（所）	小学（所）	合计（所）
教育部门立	21487	81	5378	26946
党委及军事系统立	3	—	1	4
其他部门立	10	3	16	29
民办	1325	106	12	1443
私立	6	—	—	6
计	22831	190	5407	28428
班级	初小（个）	高小（个）	初高小复式班（个）	合计（个）
教育部门立	84801	20964	94	105859
党委及军事系统立	16	3	—	19
其他部门立	205	86	—	291
民办	2254	814	2	3070
私立	7	4	—	11
计	87283	21871	96	109250

学生数（人）	初小（人）	高小（人）	合计（人）
教育部门立	3717397	1033601	4750998
党委及军事系统立	374	76	450
其他部门立	8936	3824	12760
民办	88086	37875	125961
私立	557	198	755
计	3815350	1075574	4890924

续表

二部制情况	设有二部制的学校数（所）	二部制班数（个）	二部制学生数（人）
教育部门立	164	657	31953
党委及军事系统立	—	—	—
其他部门立	6	61	3001
民办	1	8	452
私立	—	—	—
计	171	726	35406

资料来源：根据河南省档案馆 1957~1962 年馆藏教育相关档案整理而成。

表 1-21　1956~1957 学年度中学综合情况（1957 年 1 月 4 日）

学校	初级中学（所）	高级中学（所）	中学（所）	合计（所）
教育部门立	307	23	126	456
其他部门立	2	—	1	3
私立及民办	—	—	—	—
计	309	23	127	459

班级	初中（个）	高中（个）	合计（个）
教育部门立	5044	876	5920
其他部门立	43	12	55
私立及民办	1	—	1
计	5088	888	5976

学生	初中（人）	高中（人）	合计（人）
教育部门立	265750	43296	309046
其他部门立	2305	602	3907
私立及民办	59	—	59
计	268114	43898	312012

注：学校总数中设有二部制的学校共 13 个，均为教育部门立。

资料来源：根据河南省档案馆 1957~1962 年馆藏教育相关档案整理而成。

表 1-22 1957 年河南省普通中学基本情况

项目	校数（所）	班数（个）	学生数（人）	新生到校注册人数（人）	上年实际毕业生数（人）	专任教员（人）	兼任教员（人）	1957 年为 1956 年（%）		
								学生数	新生注册到校人数	上年实际毕业生数
总计	2212	9357	512320	285354	82518	17953	1134	164.19	198.23	149.98
教育部门立	457	6759	358600	139166	81702	13144	63	116.03	97.44	159.07
其他部门立	6	76	4076	2001	816	154	9	140.21	176.45	123.63
私立及民办	1749	2522	149644	144187	—	4655	1062	253.63	—	—
总计中：高级中学	27	1062	52901	20208	9826	2157	58	120.51	85.24	127.34
教育部门立	23	1013	50082	17796	9635	2080	2	115.67	75.71	126.63
其他部门立	1	16	837	430	191	36	3	139.03	211.82	178.5
私立及民办	3	33	1982	1982	—	41	53	—	—	—

资料来源：根据河南省档案馆 1957~1962 年省馆藏教育相关档案整理而成。

表 1-23 1957 年河南省小学基本情况

项目	校数（所）	班数（个）	学生数（人）	新生到校注册人数（人）	上年实际毕业生数（人）	教员数（人）	1957 年为 1956 年（%）		
							学生数	新生注册到校人数	上年实际毕业生数
总计	30689	114039	4933708	1565173	1056838	123668	100.87	93.85	107.93
教育部门立	27182	107437	4677062	1408775	1036746	116432	98.44	87.89	107.68
党委及军事系统立	4	22	598	216	116	32	132.89	138.46	241.66
其他部门立	56	477	20994	6689	3898	652	164.53	159.94	122.64
私立	3440	6079	230769	148648	15884	6521	283.21	247.75	120.71
民办	7	24	4285	845	194	31	567.55	237.35	—
总计中：高小	382	23767	1107824	550745	427004	30953	103.00	95.46	122.24
其中：教育部门立	52	22209	1041732	500723	412096	29140	100.79	89.54	181.81
党委及军事系统立	—	4	100	62	40	6	131.57	163.15	121.64
其他部门立	5	120	4908	2228	1939	214	128.34	135.77	121.64
民办	322	1421	60434	47287	12735	1574	159.56	296.37	112.61
私立	3	13	650	445	194	19	328.28	419.81	—

表 1-24　1958～1959 学年初中学基本情况

项目	学校数（所）				班数（个）		学生数（人）		1958 年新招生数（人）		1958 年毕业生数（人）		主任教员（人）	
	初中	高中	完中	合计	初中	高中	初中	高中	初中	高中	初中	高中	初中	高中
普通中学	2530	51	157	2738	11988	1539	599735	66290	322938	31016	65165	9258	20402	2725
其中：公办	1005	51	146	1202	7321	1505	370369	64770	159327	30331	64424	9071	13844	2659
厂矿企业、机关团体办	26	—	1	27	114	14	5937	651	2685	195	686	187	173	31
社办	1499	—	10	1509	4553	20	223429	869	160926	490	55	—	6385	35
职业中学：社办	601	—	7	608	1835	24	89776	1074	70359	930	188	—	2617	41
全省合计	3131	51	164	3346	13823	1563	689511	202080	393297	31946	65353	9258	23019	2766

资料来源：根据河南省档案馆 1957～1962 年馆藏教育相关档案整理而成。

表 1-25　1958～1959 学年初小学分布情况

单位：个、人

项目	学校数（所）				班数（个）	学生数（人）		本年新招生数（人）		本年毕业生数（人）		教员数（人）
	初小	高小	完小	合计		初级	高级	初级	高级	初级	高级	
全省合计	24110	686	6239	31035	139661	5359297	1203367	2166887	655066	665042	464801	147448
公办	12827	388	5838	19053	103649	386002	1063694	1169114	576515	623783	437462	110285
企业、机关团体办	17	3	56	76	679	24613	6717	8546	3218	3005	2750	888
社办	11266	295	345	11906	35333	1468682	132950	989227	75333	38254	24589	36275

资料来源：根据河南省档案馆 1957～1962 年馆藏教育相关档案整理而成。

表1-26 1958~1962年普通教育事业远景计划控制数（草案）

单位：人，%

类别	1957年学年年初学生数		5年招生计划合计		5年毕业计划合计		1962年学年年初学生数		1962年学年年初学生数（以1957年为100）	
	计划	预计	省市上报数	初步确定数	省市上报数	初步确定数	省市上报数	初步确定数	省市上报数	初步确定数
河南高等师范教育事业控制数	4874	12503	33173	38100	23691	27203	21436	23400	179.23	187.15
高级中学教育事业计划控制数	33600	63980	302000	314200	50700	158180	212500	220000	347.22	343.85
初级中学教育事业计划控制数	229800	324171	1508000	1508000	756000	756171	1083000	1076000	327.19	331.92
小学教育事业计划控制数	4715	6120	13116	13116	10575	10575	8661	8661	141.51	141.51
幼儿园教育事业计划控制数	783000			5190000				5190000		662.83

资料来源：根据河南省档案馆1957~1962年馆藏教育相关档案整理而成。

河南省从 1961 年起在省委精简领导小组的统一安排下，通过定（定发展规模）、缩（缩小发展规模）、并（与他校合并）、停（停办）四种主要方式，对高等学校、中等专业学校、半工半读农业中学进行大规模压缩调整。当年，全省中等专业学校由 380 所调整为 128 所，半工半读农业中学由 1640 所调整为 161 所。1962 年继续压缩调整，中等专业学校保留 43 所，在校学生由 130200 人减少为 22000 人；半工半读农业中学保留 14 所，在校生由 19100 人减少为 1300 人；普通中学由 1803 所调整为 1277 所，在校生由 633500 人减少为 382300 人。

（二）贯彻执行中、小学工作条例

1961 年 9 月，在教育事业大调整的同时，中共中央颁发《教育部直属高等学校暂行工作条例》（简称"高教 60 条"），科学地总结了新中国成立以来特别是 1958 年以来中国高等教育曲折发展的经验教训，制定了当时符合中国国情的各项具体政策。

河南省试行中小学工作条例学校 174 所（高中 30 所、完中 56 所、初中 88 所），完小 464 所。

1963 年 3 月，中共中央同时颁发《全日制中学暂行工作条例》和《全日制小学暂行工作条例》。

1963 年 4 月 16 日，《关于试行中小学工作条例草案和有重点地办好一批中小学的初步意见》指出：

> 我省现有公办全日制中学 883 所，其中高中 82 所，完中 80 所，初中 721 所；公办全日制小学 22180 所，其中完小 7746 所。我们计划：在现有中小学中选择基础较好的中学 174 所，完小 464 所，首先试行条例草案。试行条例草案的中学，占全省中学校数的 19.6%，学生数的 30.3%；每年约可毕业高中生 9500 人，初中生 23500 人，试行条例草案的小学，占全省完小校数的 6%，学生数的 13.3%，每年约可毕业高小生 7500 人。
>
> 我们计划从试行条例草案的学校中，选择领导、师资及设备条件都比较好的中学 19 所、小学 158 所，集中省和专（市）县的力量，力

争在三年内首先办好这批学校，绝大多数都是原来确定的重点学校，其分布情况是，中学每专一般一所或两所，小学每县一般一所，郑州和开封几个较大的城市较多一些。

今年一月，中央发布了《关于讨论试行全日制中小学工作条例草案和对当前中小学教育工作几个问题的指示》，这个指示和全日制中小学暂行工作条例草案，系统总结了建国30年来特别是1958年教育革命以来中小学教育的丰富经验，明确地规定了体现社会主义建设总路线和党的教育方针的各项具体政策。这是提高中小学教育质量、办好中小学教育的指针和纲领，对我们的中小学教育建设具有极其重大和十分深远的意义，全省各级教育部门和所有中小学校以及师范院校，都必须认真组织学习，坚决贯彻执行。

1964年4月10日，河南省教育厅翻印了《全日制中小学暂行工作条例（草案）》。

中小学教学是国民教育的基础，提高中小学的教育质量是一项具有战略意义的任务。在中小学阶段，必须十分重视德育；在智育方面，小学必须注重语文和算术的教学；中学必须注重语文教学和外语的教学，中学、小学都要注意体育；各级党委必须加强对中小学教育的领导；充分发挥各级教育行政的作用，并注意改进教学计划，抓紧教材建设；建立一支又红又专的教师队伍，切实办好师范学校。河南省教育部门随即结合毛主席"向雷锋同志学习"的题词，认真贯彻执行两个条例。中小学工作条例十分注重德育，把广泛开展政治思想教育作为整顿中小学提高教育质量的关键环节。因此，河南省教育厅强调各地中小学在贯彻中央两个条例时，以马克思列宁主义、毛泽东思想为指导，紧密结合向雷锋同志学习的活动，对学生进行爱国主义和国际主义教育，树立全心全意为人民服务的思想。全省中小学在落实两个工作条例的过程中，普遍开展学雷锋活动，各校建立学雷锋小组，掀起读雷锋日记、讲雷锋故事、做雷锋式好学生的热潮。助人为乐、拾金不昧、关心他人、关心集体、大办好事在各地中小学蔚然成风。

在智育方面，各地全日制小学落实条例精神，加强了语文和算术的教学。全日制中学则加强了语文、数学和外语的教学。部分省重点小学和市、地重点小学高年级有计划有步骤地开设外语选修课。省重点中学根据条例精神和学校的师资、设备等条件，增设工农业科学基础知识、制图、历史文选、逻辑学等选修课程，尽力扩大学生的知识面，全面发展学生的志趣和才能。根据两个条例的精神，河南省教育厅还确定82所高中、80所完中、386所初中、6439所小学列入重点办好的河南省"小宝塔"规划。省、市（地）、县（市）教育行政部门采取措施加强以上中小学的教学力量，千方百计增加办学经费，改善办学条件，使这批学校较快成为贯彻落实两个工作条例的样板学校，明显提高了各市地全日制中小学的教育质量。1963年4月10日，省教育厅、省体委发出通知，要求中小学落实两个工作条例，加强对学校体育工作的领导。各地中小学普遍注意学生体育，坚持早操和课间操，认真上好体育课，并组织好课外活动。学校一般每周安排2节体育课，每天安排1节课外活动。在卫生保健方面，学校贯彻"预防为主"的方针，定期对师生的身体进行健康检查，培养学生良好的卫生习惯。

1964年3月2日，白彦风同志做了《关于中小学教育和职业教育七年规划要点（初步草案）的补充说明（摘要）》：

> 七年规划的主要任务是：逐步普及小学教育，进一步改革中小学教育；积极试办和发展职业教育；进一步发展工农业余教育，努力扫除文盲；认真办好一批全日制中小学，继续提高教育质量；并且要建立一支又红又专的教育队伍。
>
> 今后七年各项教育事业的发展规模，我们初步设想……职业学校（包括技工学院和农业中学）在校学生发展到530万人。初中在校学生达到690万人，高中在校学生发展到150万人，并且基本上扫除农村青年和有条件学习的基层干部、壮年中的文盲。
>
> 据1963年的统计，全国学龄儿童入学率平均为59%。在全国大中城市已经基本上普及了小学教育。在农村中，各省、区学龄儿童入学率高达70%以上，低的则在30%以下。普遍现象是没有入学的学龄儿童主要是贫下中农的子女，其中又以女儿童占绝大多数。因此，今后普及小学教育，主要是积极发展农村四年制初小和简易小学。

必须把普及小学问题作为一项战略任务来完成。

小学教育要以公办为主，民办为辅。

认真办好一批全日制小学，努力提高教育质量，这也是我国社会主义建设的一项具有战略意义的任务。要普及与提高相结合，这方面的工作决不能放松。

应该将现有全日制小学分批分期办好。先从中选一批领导强、条件好的学校，认真试行全日制中小学暂行工作条例（草案），努力办好。全日制中小学的分布要合理，每个公社至少有一所全日制完全小学，每县至少有一所全日制中学。并从上述学校中选定少数中小学作为重点学校，特别要采取措施，在农村和工矿地区办好一批重点学校。

编制七年规划草案，1964 年、1965 年这两年内，应着重于继续进行调整、巩固、充实、提高的工作，计划应该详细一些，要有具体方针、具体计划，还要有具体措施，尽可能安排落实，为第三个五年计划的设想，打好基础。

表 1-27　1959~1960 学年高级中学教学计划（开设外语的）

科目	每周上课时数			每学年授课总时数		
	一年级	二年级	三年级	一年级	二年级	三年级
数学	2	2	2	76	76	68
语文	5	5	5	190	190	170
外国语	5	4	4	190	152	136
代数	4	2		152	76	68
平面几何	2	2/0		76	38/0	
立体几何		0/2	2		0/38	68
三角		2	2		76	68
物理	2	3	4	76	114	136
化学	2	2	3	76	76	102
生物	3			114		
中国历史		2	2		76	68
外国近代现代史	2			76		

续表

科目	每周上课时数			每学年授课总时数		
	一年级	二年级	三年级	一年级	二年级	三年级
经济地理		0/1			0/19	
体育	2	2	2	76	76	68
生产劳动	每周四小时					
每周授课和劳动时数	33	30/31	32			
自习时数	每周 18 小时					
时事教育和课外活动	每周 10 小时					
每周总时数	61	58/59	60			
每学年周数	42	42	42			
每学年实际授课周数	38	38	34			
每学年复习考试周数	4	4	8			

资料来源：根据河南省档案馆 1964 年馆藏教育相关档案整理而成。

表 1-28　1959~1960 学年高级中学教学计划（不开设外语的）

科目	每周上课时数			每学年授课总时数		
	一年级	二年级	三年级	一年级	二年级	三年级
数学	2	2	2	76	76	68
语文	5	5	5	190	190	170
外国语	/	/	/	/	/	/
代数	3	2	3	114	76	102
平面几何	3			114		
立体几何		3			114	
三角			4			136
物理	2	3	4	76	114	136
化学	2	2	3	76	76	102
生物	3			114		
中国历史		2	2		76	68
外国近代现代史	2			76		
经济地理		0/0			0/19	
体育	2	2	2	76	76	68

续表

科目	每周上课时数			每学年授课总时数		
	一年级	二年级	三年级	一年级	二年级	三年级
生产劳动	每周四小时					
每周授课和劳动时数	28	25/26	29			
自习时数	每周 18 小时					
时事教育和课外活动	每周 10 小时					
每周总时数	56	53/54	57			
每学年周数	42	42	42			
每学年实际授课周数	38	38	34			
每学年复习考试周数	4	4	8			

资料来源：根据河南省档案馆 1964 年馆藏教育相关档案整理而成。

表 1-29 小学教学计划（第一类教学计划）

科目		各年级每周上课时数						每学年各科授课总时数					
		一年级	二年级	三年级	四年级	五年级	六年级	一年级	二年级	三年级	四年级	五年级	六年级
语文	阅读	9	9	8	8	6	6	342	342	304	304	222	222
	作文			1	2	2	2			38	76	74	74
	写字	3	3	3	2	1	1	114	114	114	76	37	37
算术		6	6	6	6	6	6	228	228	228	228	222	222
珠算					1	1	1				38	37	37
政治						1	1					37	37
周会		1	1	1	1			38	38	38	38		
自然						2	2					74	74
历史						2	2					74	74
地理						2	2					74	74
手工劳动		1	1	1	1			38	38	38	38		
体育		2	2	2	2	2	2	76	76	76	76	74	74
唱歌		1	1	1	1	1	1	38	38	38	38	37	37
图画		1	1	1	1	1	1	38	38	38	38	37	37
生产劳动				2	2	2	2			76	76	74	74
合计		24	24	26	27	29	29						

资料来源：根据河南省档案馆 1964 年馆藏教育相关档案整理而成。

表 1-30　小学教学计划（第二类教学计划）

科目		各年级每周上课时数						每学年各科授课总时数					
		一年级	二年级	三年级	四年级	五年级	六年级	一年级	二年级	三年级	四年级	五年级	六年级
语文	阅读	9	9	8	8	8	8	342	342	304	304	296	296
	作文			1	2	2	2			38	76	74	74
	写字	3	3	3	2	1	1	114	114	114	76	37	37
算术		6	6	6	6	7	7	228	228	228	228	259	259
珠算				1	1	1	1				38	37	37
政治						1	1					37	37
周会		1	1	1	1			38	38	38	38		
唱歌或体育		3	3	3	2	2	2	114	114	114	76	74	74
生产劳动				2	2	2	2			76	76	74	74
合计		22	22	24	24	24	24						

资料来源：根据河南省档案馆 1964 年馆藏教育相关档案整理而成。

（三）试行两种教育制度

1958 年 5 月，时任中共中央副主席刘少奇在中央政治局扩大会议上提出，我们国家应该有两种主要的教育制度和劳动制度同时并行，一种是现在的全日制学校制度，一种是半工半读学校制度。9 月，中共中央、国务院《关于教育工作的指示》提出，"用大量发展业余文化技术学校和半农半读学校来普及教育"。1958 年河南省共创办千余所半工半读式的新型学校——农业中学及城市职业中学，初步形成了与全日制中学相辅相成的两种教育制度。

河南省农业中学和职业中学的蓬勃发展，显示出半工半读教育制度的强大生命力，成为与全日制学校教育制度并行的一种重要的教育制度。此类学校的大量创办，对于满足广大群众学习科学文化知识的强烈要求和小学、初中毕业生升学的迫切愿望，对于中等教育更好地为农村、城镇的经济建设服务，对于改革全省中等教育结构，都有重要作用。半工半读学校学生边学习、边劳动，用自己的双手解决了学校经费不足的问题，也减轻了学生家庭的经济负担。半工半读学校在教学内容上一般都贴近当地农业、工商业经济的发展需要，因材施教，不拘一格培养人才，为广大农村、城镇造就出大批技术工作者，有利于地方经济的快速发展。实践证明，1964年、1965年和1966年上半年，河南省再次试行两种教育制度，大办农业、职业中学，在河南当代教育史上谱写了半工半读教育制度走向成熟的新篇章，为河南中等教育事业的发展开辟了新的道路。

（四）教学改革

1. 改革教学，加强德育工作

20世纪60年代初、中期，河南省各级各类教育事业在"调整、巩固、充实、提高"八字方针指引下，认真贯彻执行大、中、小学工作条例，稳定教学秩序和教师队伍，改革教学，提高教育质量，发展是健康的，各级各类学校教育都取得了很大成绩。

1963年，河南省各地初、高中根据中学工作条例改革教学的要求，统一恢复初、高中阶段各3年的学制。初中设置政治、语文、外语、数学、物理、化学、生物、历史、地理、生产常识、体育、音乐、图画13门课程，高中设置政治、语文、外语、数学、物理、化学、历史、地理、生物9门课程，学生每学年参加生产劳动的时间缩短为4周。在教学中，强调学生的德育教育，各地中学通过对英模人物（雷锋、刘英俊、欧阳海、邢燕子等）的学习，树立革命人生观，还普遍组织学生写社史、厂史和家史，参加忆苦思甜活动，提高学生的阶级觉悟。各校都建有学习毛主席著作小组，用毛主席思想培养学生的政治观点、群众观点、集体观点、劳动观点、辩证唯物主义观点和共产主义道德品质。

全日制小学统一执行1963年部颁教学计划，适度进行各方面的教育改革。在课程设置上，各年级均开设周会、语文、算术、体育、音乐、图画等课程，五、六年级增设历史、自然、地理、生产常识课，一、二、三年级设手工课，不参加生产劳动，四、五、六年级学生每学年参加劳动的时间一律减为2周。保证师生有充足的教学时间，在德、智、体诸方面都得到发展。河南省实验小学在这一时期教学改革中，注意对个别学生进行特殊培养，采取弹性教学制度等教学组织形式，允许特优生跳级，在教学班广泛组织兴趣小组，激发学生学习的主动性和积极性，取得了显著成绩，证明在工作条例指导下的教学改革是成功的。

2. 减轻学生负担，提高教学质量

1964 年 3 月 10 日，毛主席《对"北京一个中学校长提出减轻中学生负担问题的意见"的批示》下达。河南省教育厅于 4 月 28 日发出《关于减轻学生负担、提高教学质量的通知》，全省中小学普遍对学生学习时间、教学内容、课内外作业、考试方法和考试次数等做了调查研究。在此基础上，恰当安排教材，减少课外作业，限定作业时间，改进教学方法；教师进一步加强教学研究，从学生实际出发，不断改进教学，减轻学生负担，提高教学质量。各地中小学特别是列入"小宝塔"规划的重点高中、初中和小学，采取每学期只考试 2 次，不出怪题、偏题，不搞突然袭击，给学生补考机会，进一步控制生产劳动课，实行开卷考试等措施，有效地改变了学生天天处于紧张疲劳状态的不正常现象，使学生轻松愉快、生动活泼地主动得到发展。

3. 学校政治思想教育

1956 年，随着对生产资料私有制的社会主义改造基本完成，我国确立了社会主义制度。为探索中国自己的社会主义建设道路，中国共产党举行了第八次全国代表大会。大会一致通过的《政治报告》宣布"几千年的封建剥削制度已经基本结束……我国无产阶级与资产阶级的矛盾已经基本上解决"，明确指出"党的工作重点不再是阶级斗争了"。党和国家工作重点从革命转向建设是中共八大会议一致通过的正确决定。

中共八大会议认为，我国"知识界已经组成了一支为社会主义服务的队伍"。党对知识界的情况表示满意。1956 年，河南省各学校普遍对学生开展为革命和建设努力学习的教育，对学生进行社会主义教育、集体主义教育和遵守纪律教育、劳动教育。1956 年 8 月，初中一、二年级的政治课开设"青少年修养"，三年级开设"政治常识"课程。全省学校掀起了向科学进军的热潮。学校教学秩序稳定，教育质量逐步提高。但此后不久，在"左"的思想支配下，教育领域狠抓阶级斗争，以过多的体力劳动冲击教学，搞"教育大跃进"，教师队伍受到伤害，教育质量下降。

1963 年 5 月以前，教育部两次制定颁发《中学生守则》，对学生进行拥护中国共产党教育，为社会主义、为人民服务教育，爱国主义和国际主义教育。在学生中开展"身体好、学习好、工作好"的教育，涌现出一大批"三好学生"。学生组织学习"毛主席著作"小组，学习先进人物的活动形成热潮。1963 年 3 月 5 日，毛主席题词"向雷锋同志学习"。各大报纸相继发表文章，全省各级各类学校立即开展学习运动，学习雷锋公而忘私、助人为乐的共产主义思想，学习中共河南省兰考县委书记焦裕禄全心全意为人民服务、鞠躬尽瘁、死而后已的精神，学习大庆油田工人王进喜不怕困难、带头艰苦奋斗的精神，学习山西省昔阳县大寨大队战胜自然灾害进行生产自救、自力更生、艰苦创业的精神。他们是这个时代的典型代表和光辉榜样，全国上下向他们学习，激发起巨大的精神力量，在青年学生中涌现大批学习先进的模范人物。

1966 年，河南省大、中、小学校都进一步密切结合阶级斗争的形势，强调在教学中突出政治、防止"和平演变"的教育，抓紧抓好培养无产阶级革命事业接班人的工作。就怎样培养无产阶级接班人的问题，毛主席于 5 月 7 日指示（即"五七指示"）："学生以学为主，兼学别样，即不但学文，也要学工、学农、学军，也要批判资产阶级。"接着又指出："学制要缩短，教育要革命，资产阶级知识分子统治我们学校的现象，再也不能继续下去了。"《人民日报》发表题为《全国都应该成为毛主席思想的大学校》社论。河南省大、中、小学校，在教学计划中普遍增加学生的学工、学农时间，有的学校还增加了学习军事的内容。1966 年，全省学校的政治课，初中一年级开设做革命接班人，初中二年级开设社会发展史，初中三年级开设中国社会主义革命和建设，高中一、二、三年级均开设《毛主席著作选读》乙种本。要求尽快铲除资本主义、修正主义的社会基础和思想基础，更快地缩小工农之间、城乡之间、脑力劳动与体力劳动之间的三大差别，培养出具有高度政治觉悟的、全面发展的亿万共产主义新人。

贯彻"五七指示"，加紧意识形态领域里的阶级斗争，整个教育战线以阶级斗争为纲的"左"倾错误进一步发展。

（五）稳步发展

在社会主义改造基本完成以后，我国确立了社会主义制度，并提出转入全面的社会主义经济建设，直到无产阶级"文化大革命"运动开始，河南教育事业历经反"右派"斗争、1958年"教育革命"和1961~1965年教育事业调整充实等阶段，教育事业大起大落，曲折发展。

1957年1月5日，时任河南省省长吴芝圃发布《关于改进中等学校学生生活的指示》。

1957年8月28日，河南省教育厅就《各级教育行政部门在中学、师范、小学中建立重点学校的初步意见》征求意见：中学、初中确定为河南第一工农速成学校、郑州市第七初级中学，师范定为郑州师范，小学定为杜岭街小学。

1957年，嵇文甫在《一年来河南教育大跃进的情况和进一步贯彻执行教育方针中的几个问题》中指出：

> 一年多来教育事业的大跃进，大大提高了广大师生的政治思想觉悟，初步克服了学校教育与生产劳动脱离的现象，也开始改变了我省教育落后面貌。现在全省托儿所和幼儿园共收托儿童近600万人；小学学生已达653.8万人，比去年增加32.53%；中等学校学生已达81.9万人，比去年增加了48.7%；高等学校学生已达21458人（包括预科2247人），比去年增加123.1%；今年共扫盲530万人，为解放八年来扫盲总数的两倍多；各种红专学校学员现有850万人，这是过去从来没有的现象。根据上述数字计算，在全省人口中，每一万人内平均有入园幼儿536人，小学生1329人，中等学校学生166人，高等学校学生4.4人，红专学校学员1727人。总计全省约有近三分之一的人在各级各类学校里学习。

河南省的小学教育，在20世纪60年代初期出现一批办得比较好的"小宝塔"完全小学和高级小学。到1964年，全省多种形式办学，耕读小学也有了新的发展。全省小学达到30807所，提高了适龄儿童的入学率，在校学生发展到 820.95 万人。

1962 年，在全国教育事业计划会议上对全日制"小宝塔"规划做了规定。

1963 年，教育部转发上海市教育局、江苏省教育厅《关于提高中小学教育质量，保证高一级学校的质量和有重点地办好一批学校的初步意见（草稿）》供参考。

1963 年 5 月 14 日，河南省教育厅发布《关于全日制中小学小宝塔的初步规划》。该规划指出：

> 根据教育部的指示，现对我省全日制中小学的"小宝塔"指示初步规划意见如下：
>
> 我省现有公办全日制中学 886 所，其中高中 80 所，初中 721 所；公办全日制小学 22180 所，其中完小 7746 所。我们计划，现有高、完中 162 所，学生 61159 人，全部列入"小宝塔"的范围，分期分批办好。规模适当调整后，每年级可有高中毕业生 19000 人。按我省高等学校今后规模，每年约可招生 4000 人，估计中央的高等学校在我省招生的人数每年也约有 4000 人，两者合计共约 8000 多人。高中毕业生可与高等学校招生人数的比例 2：1 多一些。
>
> 初中，除办好完全中学的初中部以外，从现有初中中挑选 386 所，学生 198140 人，占现有初中校数的 53.5%，列入"小宝塔"范围，分期分批办好，每年约有初中毕业生 72000 人，普通高中每年约招生 2 万人，中等专业学校每年约招生 5000 人，两项合计共约 25000 人，"小宝塔"初中毕业生可与高级中等学校招生人数的比例约为 3：1 少一些。
>
> 在分布上，城市 70 所，占城市公办初中 87 所的 80.5%；县城和农村 316 所，占县城和农村公办初中 634 所的 49.8%。平均每县有单设初中 3 所，加上一所高中或完中，每县平均可达 4 所。
>
> 小学，计划纳入"小宝塔"范围的高小及完小 6439 所，占现有高、完小 7746 所的 83.1%，每年约有高小毕业生 36 万人。按初中今后规模，每年预计招生 12 万人，"小宝塔"高小毕业生可与初中毕业人数的比例约为 3：1。

在分布上，城市市区和县城 856 所全部列入；农村 5583 所，占农村高小及完小的 80%。每县平均 54 所，每个公社（公社规模略小地区）平均 2~3 所。

1963 年 7 月 1 日，河南省重点中学 19 所，高中 265 所，初中 80 所，有 9901 名高中生、8684 名初中生。

抓好教育事业的"小宝塔"。对纳入"小宝塔"的学校（特别是小学），应该首先使它们在领导、师资、设置、规模等方面稳定下来，并订出计划，分批分期地逐步完成充实提高。今后在人力、物力和经费的分配使用上，应该首先注意到"小宝塔"的学校，不要平均使用。

保持和逐步办好一定数量的全日制中小学，为教育事业布局打下稳固的基础，与高一级学校形成"小宝塔"。这类学校的数量和规模要考虑和高一级的学校的招生数量保持适当比例，高中应该全部包括在内。

有重点地办好一批基础较好的学校，是指先集中力量办好一批"拔尖"学校。

1965 年，全省幼儿教育事业出现新的发展形势，全省幼儿园达到 481 所，多集中在城市，入园儿童 51541 人，是 1955 年的 4.4 倍。

新中国成立初期，政府就提出"有计划、有步骤地实行普及教育"。1956 年，最高国务会议通过的《1956~1967 年全国农业发展纲要（草案）》规定："从 1956 年开始，按照各地情况，分别在七年和十二年内普及小学义务教育。"到 1966 年，由于"文化大革命"运动的爆发，河南省普及小学教育计划被迫中止。

1963~1966 年初，全省有重点地办好一批全日制中学、"小宝塔"重点中学。省教育厅将省内的 82 所高级中学、80 所完全中学和 386 所初级中学，列入全省"小宝塔"范围。列入"小宝塔"的城市初中有 70 所，占城市公办初中的 80.4%；农村初中列入"小宝塔"的有 316 所，占农村公办初中的 49.8%。

1965 年，全省初级中学 1137 所，在校学生 39.05 万人；全省高级中学 173 所，在校学生 6.03 万人。全省农业职业中学和其他职业中学发展到 5115 所，在校学生 31.58 万人。全省各类职业技术中学在校学生人数占整个高中阶段在校学生的 43%。全省中等专业学校 153 所，在校学生 3.31 万人。这一时期，民族中学教育得到充实和加强，全省回民中学 4 所，在校学生 7343 人。1965 年，全省民办中学 303 所，在校学生达到 51873 人。至此，河南省基本形成一个层次比较适当、结构比较合理的中等教育体系。

河南省教育事业虽然曾受到"左"的政治运动的冲击，有过失误，但是，整个教育革命都是在党的领导下进行的。1961~1965 年，河南贯彻中央关于调整充实的方针，按照教育规律办教育，教育质量明显提高，教育事业呈现较好的发展局面。从整体上看，新中国成立以来的河南教育工作，虽然有失误，但与所取得的成就相比，只占次要地位。

第三节　拨乱反正，开创新局面

自"文化大革命"结束后的 1976 年 10 月至 1985 年 5 月全国教育工作会议召开，中共中央作出《关于教育体制改革的决定》，河南教育事业大致经历了三个发展阶段：深入揭批"四人帮"破坏教育事业的罪行，开展教育战线的拨乱反正；教育事业的全面调整、整顿、恢复和发展；确立教育的战略地位，开展教育改革，促进教育的快速发展。这一时期，河南教育战线的各级领导和全体师生认真贯彻中共中央的有关决定，深入细致地开展工作，使河南教育事业从百废待兴到全面发展，为国民经济和社会的全面进步作出了贡献。

这一时期，中小学的冤假错案平反工作也取得了很大进展。继 1978 年 10 月中共河南省委决定给郑州、开封、洛阳等地在 1976 年清明节前后为悼念周总理、声讨"四人帮"罪行而被打成"反革命"的群众彻底平反之后，省委和各地又先后为"文化大革命"中河南几个人为制造的"七二五"大假案、洛阳五中问题、郑州三十四中问题、禹县神垕高中问题，以及"批林批孔"运动中的"黑茶馆"事件等冤假错案进行了平反。1980 年 9 月，根据中共中央通知，中共河南省委宣布：为"文化大革命"中在各级报刊、文件上被错误点名批判的同志一律平反，强加给他们的一切诬蔑不实之词统统予以推倒。

经过大量艰苦细致的工作，到 1982 年底，全省教育战线平反冤假错案工作基本结束，广大受到迫害株连的教职员工得到了解脱，调动了他们为教育事业贡献力量的积极性。

一　恢复中小学正常的教育教学秩序

为了使学校工作尽快走上健康发展的道路，教育部将 1963 年中共中央颁发的《全日制小学暂行工作条例（草案）》（简称"小教 40 条"）、《全日制中学暂行工作条例（草案）》（简称"中教 50 条"），1961 年中共中央批准试行的《教育部直属高等学校暂行工作条例（草案）》（简称"高教 60 条"），根据新时期总任务和新经验、新情况，进行修改后重新发布并在全国试行。河南省革委会教育局及时发出通知，要求全省各级学校以上述文件为准绳，加强制度建设，严格学校管理，努力恢复学校以教学为中心的各项工作。1978 年 3 月 17 日，河南省革委会教育局发布《关于检查普及农村小学五年教育的通知》。1978 年 9 月，河南省召开教育工作会议。

为了使学校工作尽快走上健康的轨道，教育部在 1978 年 9 月颁布了修改后的《全日制小学暂行工作条例》和《全日制中学暂行工作条例》，河南省革委会教育局发出通知，要求以中小学的两个条例为准绳，加强制度建设，恢复学校的正常工作秩序。

制订教学计划。1978 年 1 月，教育部颁发了《全日制十年制中小学教学计划试行草案》，规定全日制中小学学制为 10 年：中学 5 年，小学 5 年。中学分段为初中 3 年，高中 2 年，统一为秋季始业制度。1978 年 5 月，河南省革委会教育局发出关于贯彻实行该草案的通知，划定了实行范围。由于当时河南还有一部分中小学实行的是九年制，为此，1978 年初，河南省又制定了《河南省全日制九年制中小学教学计划草案》，规定了中小学开设的科目、中小学政治课和文化课的教学时间，要求各校不得随意停课，学生参加劳动要注意年龄特点等。部颁《全日制十年制中小学教学计划试行草案》及《河南省全日制九年制中小学教学计划草案》，对中小学教学各环节做了比较详细的规定，其实施对改变"文化大革命"给中小学教学造成的混乱局面，恢复正常的教学秩序起到了很大作用。

编写全国通用的中小学教材，并要求 1978 年秋季新生入学时使用新教材。教育部于 1977 年开始教材编写工作，1978 年秋季开学时，所有入学的新生均用上了新教材。这套教材注重用先进的科学知识充实教学内容，强调教学水平的提高。

1979 年，省教育厅中小学教材编辑室改为中小学教材教学研究室，主要任务除继续编写补充教材和教学资料外，还组织并指导全省中小学教学研究活动。其活动主要有：在部分重点中学开展的教材教学改革实验，全省各地开展学习黑山北关小学经验进行的集中识字教学实验，开封市省府西街小学进行的三至五年级作文教学实验，洛阳共青路小学进行的阅读教学实验，省实验小学、开师附小等学校进行的小学数学应用题教改实验，开封市县街小学张兆瑞开展的"音乐课堂教改"实验等。

中小学内部的管理方法也发生了许多新的变化，随着农业生产责任制的成功实践，中小学也都普遍推行了教学责任制，从考工、考勤、考绩、奖罚等方面制定标准规范，以此明确职责，杜绝学校中的"大锅饭"，提高教学质量。《河南教育》从 1982 年第 6 期开始，开辟《大家都来研究学校工作责任制》专栏，系统介绍先进学校推行责任制的办学经验，在全省中小学引起了积极反响。

二 调整、整顿与发展

（一）调整与整顿

长期"左"倾路线的干扰，使全省普通中学脱离客观条件的限制盲目发展。人口的增长和"文化大革命"中职业学校的停办，致使普通中学迅速膨胀。1976 年，全省初中 18648 所，高中 6566 所，在校学生达到 460.63 万人。这其中的许多初中都是小学"戴帽"，师资、设备大都是使用小学的，不仅使中学的教学质量无法保证，而且出现了中学挤小学的现象。1978 年以后，随着调整、整顿工作的深入，这种"浮肿"现象给教育发展造成的不良后果愈来愈明显，普通中学的压缩、整顿势在必行。

1979 年，河南省教育厅提出普通中学的调整和结构改革问题，许多地（市）县开始调整和压缩普通中学。1981 年 5 月，省教育厅提出中学整顿的五条原则：①设置多少学校要从实际出发，实事求是，量力而行；②压缩普通高中和初中，发展职业中学，推进中等教育结构的改革；③把中学和小学分开，加速普及小学教育；④充分走群众路线，压缩调整要经领导部门审批；⑤有利于就近入学，方便群众。1982年2月，河南省政府召开农村教育工作会议，制订了农村中学的设立标准，规定农村中学的设立，一般每10万人口的地区设立高中1所，每1万人口的地区设立初中1所，超过设立标准的高中，可以改为初中，也可以确定为不享受国家补助的社办高中；超过设立标准的初中，可以确定为队办初中；鼓励和支持大队之间联办中学。这次会议还提出要改革农村中学的管理体制，实行分级办学、分级管理，即普通高中一般由县直接办理，初中由公社办理，联办初中由联办的大队共同管理。县、公社、大队对自己管理的学校应负责解决经费、校舍、设备、师资等问题。国家对计划内社队办的学校，采取补助政策，其形式有：①派公办教师；②给民办教师发放一定的补助费；③给学校的修建和行政开支予以补助，办得好的，给予奖励。

1982年底，农村中学的调整工作基本结束。经过这次大规模的整顿，全省农村普通高中调整为742所，初中调整为8699所，布局和规模比过去趋于合理。调整工作理顺了责权关系，调动了社队集体和群众办学的积极性。农村中学除了公办学校和民办公助学校外，有些地方还出现了私人办学。

小学在"文化大革命"中也受到严重冲击。1968年河南省积极推进"侯王建议"，许多地方提出"村村办小学，上小学不出队"的冒进口号。同时，由于急于发展中学，更多的小学戴上了初中帽子，有的甚至戴上了高中帽子，小学的师资、校舍、设备被中学挤占的现象十分严重，教学秩序十分混乱。

1979年，全省小学开始调整。省教育厅提出，对于农村过于分散的教学班，凡有条件的同本村或附近的学校合并办学。城市小学统一集中，由市或辖区直接领导。调整城市小学布局的原则是有利于儿童就近入学。

1981年，河南省教育厅组织了一次对全省小学的情况调查。调查结果显示，农村小学戴上初中帽子，影响了小学的教育质量，削弱了基础教育。因此，要下决心把中学的帽子摘下来，把小学和中学分开，集中力量把小学办好。根据实际，小学摘帽有困难的，要在学校内部把小学和中学分开，师资、经费、设备、领导干部要划分清楚。不能再出现中学挤小学的现象。

到 1983 年，大部分农村小学摘掉了初中帽子，教师从中学调回小学任教的 1.83 万人，民办和代课教师从中学回到小学的 3.47 万人。小学校舍增加 8.1 万间，课桌凳 24.2 万套，教学设备 1.8 万件。全省社队集体和农民群众集资办学的积极性空前高涨，相当一部分农村小学面貌得到改观，为小学教育的发展和普及奠定了基础。

办好重点中小学。"十年动乱"结束后，教育战线一方面面临着迅速医治内乱创伤、提高教育质量、更好地服务于"四化"建设的问题；另一方面河南经济实力有限，师资力量、财力比较缺乏。在此情况下集中力量办好一批重点中小学，对推动教育事业的恢复整顿，以点带面，尽快使教育走上健康发展的轨道起到了良好作用。

党的十一届三中全会以后，河南省委省政府指示，应该首先办好一批重点中学。1978 年省革命委员会教育局认定省重点中学 18 所，并且每个地区和直辖市设自己的重点中学 3~4 所，每个县（市）设自己的重点中学 2~3 所。1980 年 12 月，省教育厅根据教育部《关于分期分批办好重点中学的决定》制订了专门文件，对全省重点中学应具备的办学规模、领导班子、教职工编制、办学条件等做出了明确规定。1981 年 8 月，省教育厅经考核评估，报请省委同意，确定 20 所学校为河南省首批办好的重点中学，分别是河南省实验中学、郑州市第一中学、河南师大附属中学、开封第一高中、新乡师院附中、新乡市一中、洛阳市第一高中、平顶山市一中、安阳市一中、焦作市一中、淮阳中学、尉氏三中、巩县二中、南阳市一中、信阳高中、西平县杨庄高中、林县一中、辉县一中、平顶山矿务局一中、郑铁一中。各地（市）、县也根据各自的实际情况，确定了一批地（市）、县级重点中学。

1976 年以后，重点小学的恢复建立工作被提到重要地位。1978 年，河南省革命委员会教育局发出指示，要求地（市）、县、市辖区和大企业、大厂矿都要办好自己的重点小学。1978 年 4 月，省革命委员会教育局宣布，郑州市纬二路小学（后改名省实验小学）、开封市县街小学、新县箭河列宁小学为省级重点小学，同时指出，地（市）可确定 4~5 所重点小学，县和地辖市可确定 5~6 所，省辖市确定 2~3 所。

1980 年 8 月，省教育厅在一份报告中指出，小学教育的质量普遍较低，在短期内全面提高存在较大困难，唯一的办法是先办好一批重点小学，以重点带动一般。农村重点小学的建设一般是公社选择 1~2 所基础较好、位置适中的学校作为公社中心小学，重点给予扶持。中心小学应建立教研室、图书室、仪器室、体育场等，在各方面起到示范作用。在城市，每个区应建起 1 所或 2 所重点小学。1981 年 1 月，河南省委省政府批转省教育厅党组提出的办好中心小学的意见，要求把教育上的"小宝塔"重新恢复起来。在农村，公社要办好中心小学，打好"小宝塔"的基础，以点带面。在城市，一个区集中力量办好 1 所重点小学，到 1983 年，全省重点小学发展到 2202 所，这些小学成为带动城乡小学教育发展、提高教育质量的中坚力量。

（二）普及小学教育

普及小学教育是新中国成立后就提出的教育发展目标，它关系整个中华民族素质的提高，但受多种因素的制约，普及小学教育工作时断时续，时松时紧，直到党的十一届三中全会以后，才真正把普及小学教育提到了重要日程，并使这项工作走上了健康发展之路。

河南省委省政府对普及小学教育比较重视。"文化大革命"结束后，为弄清全省小学教育的整体状况，1979 年 9~11 月，省革命委员会教育局对 10 个地区和荥阳县的普及小学教育情况进行了普查，结果显示学龄儿童入学率为 93.2%，12~16 岁青少年受完 5 年教育的只占 57.26%，入学后又流失的占 5.75%。全省有 48 个县青少年没上过小学的人数达 10% 以上，个别县高达 25%。严峻的小学教育形势引起了省委的高度重视。1980 年，中共中央、国务院下发了《关于普及小学教育若干问题的决定》。1980 年，河南省委在转发教育厅党组《关于学习桃江经验的几点意见》中批示："农村教育工作以普及小学五年教育为重点，党委要重视教育，要把普及小学教育当成一件大事来抓。"省教育厅提出县教育局的一把手要把主要精力用在小学上，地区教育局也必须把小学教育放在重要位置。河南是个农业大省，普及小学教育的重点和难点都在农村。1980 年初，省教育厅组成了农村教育调查组，深入温县、获嘉、延津等 7 个县进行调查研究，写出了《农村普及情况调查报告》，对全省在普及小学教育工作中存在的问题及原因做了认真分析，提出了对策，并制定了普及小学教育的具体验收标准。

1981 年，河南省教育厅经过检查验收，认定温县、林县、孟县、博爱、偃师 5 县符合普及小学教育的要求，成为全省第一批基本实现普及小学教育的县。为推进全省小学教育的普及工作，1982 年 6 月，省教育厅又在林县专门召开了全省普及小学教育工作会议，交流普及小学教育的经验，要求各地制定切实可行的规划和措施，坚持多种形式办学，建立普及小学教育的岗位责任制，搞好师资队伍建设。1983 年 10 月，省教育厅要求在执行统一规定的普及小学教育"四率"要求的同时，提出两项补充规定：凡是实现普及小学教育的县，一要基本实现"校校无危房，班班有教室，学生人人有桌凳"，二要民办教师在社队应得的报酬必须得到落实。这两项补充规定，针对河南实际，对推进各地改善小学办学条件，稳定农村教师队伍，加快普及初等教育的步伐产生了重要作用。1983 年，全省又有 34 个县级单位达到了普及标准，加上在此之前已经普及的 5 个县和 24 个省辖市市区，全省共有 63 个县级单位实现了普及小学教育的任务，占全省 158 个县级单位的 40%。1985 年，全省城市（包括郊区）的小学五年制教育已基本普及。达到普及小学教育要求，颁发"普及初等教育证书"的县，1985 年已达到 61 个，占全省总县数的 54%。

普及小学教育的实践，积累了许多行之有效的经验，涌现许多好的典型。地处太行山区的林县是全省第一批普及小学教育县，该县始终把教育工作放在重要地位，在教育工作中又把重点放在小学教育上。教育局由一名副局长专抓小学教育，县教研室设小学组，层层有人管；每所小学都建立了普及小学教育责任制；适应山区特点，多种形式办学；提高教师素质，建立了一支稳定合格的教师队伍。1981 年，全县学龄儿童入学率达到 98.7%，巩固率达到 85.7%，合格率达到 82.8%。河南第一人口大县邓县，把每年 3 月定为普及教育宣传月，广泛宣传普及小学教育的重大意义。坚持多形式、多层次办学，发展简易小学、简易班，实行半日制、间日制，建立早、午、晚班及识字班组，落实责任制。1983 年，这个人口达 129 万人的大县，学龄儿童入学率达 98.8%，巩固率达 98.5%，毕业率达 97.6%，普及率达 97.5%，达到了普及初等教育的标准。

第四节　健康发展

一　在改革中持续发展

（一）依法推进九年制义务教育

1986 年 4 月 12 日，六届人大四次会议审议通过了《中华人民共和国义务教育法》（以下简称《义务教育法》），这是国家教育史上的一件大事。《义务教育法》从中国国情出发，总结了新中国几十年教育工作的经验，运用法律形式，使义务教育具有强制性，揭开了教育发展法制化的序幕。

《河南省义务教育实施办法》（以下简称《实施办法》）在广泛征求意见的基础上，于 1986 年 8 月经河南省六届人大常委会第二十二次会议审议通过。《实施办法》规定：除因疾病或特殊原因经有关部门批准者外，所有适龄儿童、少年都必须按时入学并受完规定年限的义务教育；国家、社会、学校和家庭必须保证儿童、少年接受义务教育的权利；对于不履行法定义务、违反本法规定的行为，要承担相应的法律责任。河南省实施九年制义务教育的步骤是全省在 1990 年以前普及初等教育；城市和有条件的郊区，以及经济、文化较发达的县、乡（镇）1990 年以前普及初级中等教育；经济、文化中等发达程度的县、乡（镇）1995 年以前普及初级中等教育；经济、文化不发达的县、乡（镇）2000 年以前普及初级中等教育；少数经济特别困难的地方，可以适当推迟普及初级中等教育的年限。作为重要的地方性教育法规，它与《义务教育法》相配套，标志着河南教育特别是基础教育的发展，开始步入依法治教的新时期。

义务教育是依照法律规定，适龄儿童、少年必须接受的，国家、社会、学校、家庭必须予以保证的一定年限的国民教育，具有普遍性和强制性。

为切实推进九年制义务教育的实施，全省上下特别是各级政府和教育行政部门组织开展了广泛的学习、宣传《义务教育法》活动，并要求各级各类学校把学习《义务教育法》作为政治学习的一项重要内容。省人大、省政府以及教育行政部门的主要领导先后在《河南日报》、《河南农民报》、河南人民广播电台发表有关文章和讲话，对学习、宣传《义务教育法》，提高全社会的认识，起到了积极作用。

为加强各级政府实施义务教育的责任感，1990年5月，河南省政府印发《关于进一步贯彻执行〈中华人民共和国义务教育法〉的通知》，决定从当年开始，每年9月为全省"义务教育宣传月"，要求各地在此期间切实检查《义务教育法》的执行情况，动员适龄儿童、少年就学，劝导流失学生返校，表彰先进，处理违反《义务教育法》事件，以推进义务教育的实施。在全省范围内开展的声势浩大的"义务教育宣传月"活动，使普及九年制义务教育的重要意义和主要内容家喻户晓、人人皆知，不仅为河南省实施义务教育创造了良好的社会舆论氛围，更为动员和组织广大教师和社会各界具体实施义务教育奠定了坚实的群众基础。

普及九年制义务教育离不开一支数量充足、质量合格、学科结构合理、相对稳定的教师队伍，但河南省中小学教师队伍存在严重的数量不足、业务素质普遍偏低（1985年，全省初中专任教师学历合格的仅占10.7%，小学专任教师学历合格的仅占15.1%）、民办教师比例过大（全省城乡平均计算小学民办教师占71.7%，初中民办教师占41.1%）、学科结构不合理和队伍不稳定的情况。

为尽快改变这种状况，根据《实施办法》的规定，省、地（市）、县各级优先发展师范教育。一是充分挖掘现有的师范院校的潜力，尽力扩大招生规模。二是充分利用卫星电视教育、函授等手段，加快师资培养和培训的步伐。另外，民办教师队伍报酬落实难、待遇偏低、队伍不稳定的问题较为突出。按照《实施办法》的规定，实行民办教师的报酬除国家补助部分外，由乡（镇）人民政府统筹解决。富裕地区参照乡镇企业职工、干部的工资标准，给民办教师较高的报酬，以稳定民办教师队伍，特别是骨干民办教师。

普及义务教育的关键还在于充足的物质保障。由于长期以来全省的基础教育过于薄弱，历史欠账太多，虽然20世纪80年代初的几年教育经费逐年有所增加，群众集资也有一定规模，学校的办学条件得到了初步改善，但不少地方学校校舍仍然十分简陋，危房比较多，教师的住房条件差，教学设备奇缺，全省学生人均教育经费远远低于全国平均水平。特别是老、山、穷地区，教育经费紧缺，办学条件更差。针对这种情况，省级财政和地方财政逐年增加教育经费，实行以财政拨款为主、多渠道筹措教育经费并举的办法，这是一条符合省情的重要办学举措。在财政比较困难的情况下，河南省千方百计保证国拨教育经费实现"两个增长"，同时积极筹措预算外教育经费，作为国拨教育经费的重要补充。

1986年3月和9月，河南省政府先后颁发了《乡（镇）开征教育事业费附加施行办法》和《河南省征收教育费附加实施办法》。1988年11月，又印发了《关于进一步做好教育费附加征收工作的通知》，把城市教育费附加的征收比例由1%提高到2%；农村、乡镇企业、基层供销社和个体工商户的教育费附加，改按产品税、增值税、营业税的2%计征；农户的教育费附加，年人均纯收入在50元以上的按人均纯收入的1.5%计征。1988年全省教育费附加共收入24027万元，比1987年增加1亿元。1989年全省共计征45772万元，其中城镇8920万元，农村36851万元，达到完成任务量的152.4%，比1988年增加2.2亿元。这对保证全省民办教师待遇的落实和中小学办学条件的改善起了很大的作用。

1991年，为进一步完善教育费附加征收管理使用办法，河南省教委会同省财政厅先后颁布了《关于省级教育费附加征收问题的通知》和《河南省教育费征收管理使用办法》，进一步理顺了城镇教育费附加的入库渠道，明确了农村教育费附加的征收、管理使用体制，即由财政部门按上年农民纯收入的1.5%~2%征收，实行"乡征、县管、乡用"的管理办法，由教育部门提出使用意见，商得财政部门同意后安排使用。这就从制度上保证了教育费附加的足额征收、归口管理、有效使用。

国拨教育经费的大幅度增加和多渠道筹措预算外教育经费，特别是群众性集资办学的热潮，大大缓解了教育经费投入不足与教育事业发展之间的矛盾，改善了中小学办学条件，特别是农村中小学的办学条件得到了根本性的改善。到1992年底，全省共新建中小学校舍3275万平方米，维修、改造危房2590万平方米，新建教职工住房180万平方米，添置学生课桌凳116万单人套，并配置了大量的教学仪器和图书资料；全省中小学危房面积连续3年稳定在1%以下；基本实现"一无两有"、"六配套"（校舍、桌凳、大门、围墙、操场、厕所）的学校达到97.6%。多渠道筹措教育经费，不仅改善了中小学的办学条件，而且改善了教师待遇，稳定了教师队伍，优化了学校布局，提高了规模效益，加快了基础教育的发展，使全省范围内普及初等义务教育的历史性任务得以按期顺利完成。

在全省实施义务教育，需要有计划、有步骤地按照一定的标准有序进行，以保证各项工作的落实和普及义务教育事业的健康发展。根据《实施办法》规定的实施九年制义务教育步骤，1986 年，河南省制定了《普及九年制义务教育的基本要求及检查验收办法》，对普及初级中等义务教育的标准进行了初步的规定。1987 年，河南省教委又对该规定进行了充实和完善，更名为《河南省普及九年制义务教育的标准及检查验收办法的暂行规定》，根据各地实际，对普及初级中等义务教育提出了不同的标准，还分别就入学率、巩固率、毕业率、普及率以及师资、校舍、仪器、设备、学校布局等方面提出了具体要求。1990 年又制定了《河南省普及初等义务教育的基本要求及检查验收办法》，对普及初等义务教育的"四率"，师资队伍，学校的设置、布局和班额以及校舍、设备等进行了具体的规定，制定了明确的标准。同时，除要求各地市教育行政部门按照该基本要求规定，结合各地实际情况具体制定检查验收办法外，省对市地进行中期和末期两次检查验收。

河南是个农业大省，80%以上的人口在农村。改革和发展基础教育，普及义务教育，重点在农村，难点也在农村，特别是老、山、穷地区，需要在财力、人力、物力方面给予大力支持，也需要定条件、定任务、定速度，因地制宜、有计划地实施。对此，各级政府和教育部门层层落实任务，建立定期检查制度，每年检查两次。检查以县为单位，逐乡进行。许多经济基础薄弱的多灾贫困地区，如清丰县、虞城县，以及深山特贫的栾川县，地处老苏区的潢川县，不等不靠，因地制宜，自力更生集资兴教，初步实现"一无两有"，成绩显著。其中栾川县在全省 24 个贫困县中率先普及了初等教育，被评为全国基础教育先进县。省里一方面推广了经济条件较好的巩县（今巩义市）、辉县（今辉县市）等地高标准、高质量实现"一无两有"的典型经验，引导各地一手抓建设，一手抓质量，强调百年大计，质量第一，"不盖则不盖，一盖管几代"；另一方面，又总结、宣传、推广老、山、穷地区集资办学的经验，在全省引起了较大反响，极大地激发了贫困地区各级政府和人民群众筹集资金办学的积极性。

为搞好普及初等教育与义务教育的衔接，把发展基础教育转移到巩固提高初等教育、实施九年制义务教育的轨道上来，经省政府批准，1990 年在全省范围内选择了 100 个条件较好的乡作为义务教育示范乡（1991 年又增加 4 个），以点带面，有计划、有步骤地推进全省实施义务教育工作。省教委和地方教育部门还把制止中小学生流失作为实施义务教育的一项重要工作来抓，使初中、小学学生的流失现象逐步得到控制。

为切实保证义务教育的实施，全省各地各级政府还结合本地实际，制定了一系列与《义务教育法》和《实施办法》相配套的操作性较强的规范性文件，保证对义务教育的足额投入，依法维护实施义务教育学校以及师生员工的合法权益，制止和制裁各种侵犯学龄儿童、少年合法的受教育权的行为，并切实检查法律、法规的执行情况，有力地维护了法律的尊严。

（二）分级办学、分级管理

《中共中央关于教育体制改革的决定》中明确提出：“实施九年制义务教育，实行基础教育由地方负责，分级管理的原则。”《义务教育法》第八条也明确规定：“义务教育事业，在国务院领导下实行地方负责，分级管理。”实行基础教育由地方负责，分级办学，分级管理，把具体的政策、制度、计划的制定和实施以及对学校的领导、管理和检查的责任和权力都交给地方，使原来中央和省级政府的积极性，变为省、地（市）、县（区）、乡（镇）各级政府多方面办学的积极性，使提高民族素质的总体目标和责任，通过科学的分解，易于执行和落实，有利于地方政府从本地区教育事业的实际情况出发，统筹规划，合理筹集、使用、管理教育资金，实现权、责、利的有机结合。

《实施办法》逐级分解了基础教育的管理权力和责任：省负责制定全省实施义务教育的规划、措施、检查验收标准和办法，组织全省义务教育的实施，制定校舍建设标准和教学设备标准，负责全省义务教育经费的统筹、安排和管理，负责制定师范院校发展规划、初中教师的培养和培训计划。地（市）负责制定本行政区普及义务教育的实施方案；检查所属县（区）义务教育经费的落实、管理和使用；管理直属学校，安排教育经费；负责师资的培养、培训工作；检查、监督义务教育的实施；市辖区任免初中校长。县（市）、市辖区负责制定本辖区实施义务教育的具体规划和方案；合理调整学校布局；安排落实教育经费；督促、指导乡（镇）校舍建设和教学设备的购置；培训小学教师；管理、考核公办和民办教师，县（市）任免初中和中心小学校长，市辖区任免小学校长。乡（镇）负责本行政区内义务教育规划的实施；统一规划、合理设置初中、小学，并管理教学工作；组织适龄儿童、少年按时入学；调配公办和民办教师；征得县（市）教育行政主管部门同意，任命小学校长；统筹统发民办教师报酬；安排初中校舍修建和设备供应，改善办学条件。村负责小学校舍修建和设备购置，保护学校校舍、设备和场地，维护学校正常的教学秩序，关心教师生活。

实行"分级办学、分级管理"的体制，极大地调动了地方各级政府和社会各方面的办学积极性，在全省范围内形成了"人民教育人民办，办好教育为人民"的可喜局面。

就普及初等教育而言，1986 年，全省在原 68 个经济、文化基础较好的县（市）达到普及初等教育的标准基础上，又有 41 个中等发展程度的县通过省级检查验收。1990 年，普及初等教育进入攻坚阶段，当年力争实现普及初等教育的永城、新蔡、确山、濮阳、台前、范县、固始、淮滨、息县等，都是位于贫困山区、黄淮滩区或低洼易涝地区，自然条件差，经济基础较为薄弱。为确保全省普及初等教育的历史任务按期完成，1990 年初，省教委与永城等 9 县县政府签订了目标管理责任书。省教委领导多次深入 9 县 25 个乡调查研究，帮助解决实际问题，在经费上实行倾斜，还派出检查组分别对 9 县的普及基础教育的"四率""一无两有"和民办教师待遇情况进行检查，确保普及初等教育建立在扎扎实实的基础上。上述 9 县县委县政府采取层层建立岗位责任制的办法，根据各地具体情况把任务层层分解，落实到县、乡、村，落实到教育行政部门、学校和个人，形成了"县委县政府统筹抓，一级抓一级，层层有人管"的局面。各县在具体工作中，通过建立文化户口和健全普教档案、举办简易班、实行插班就读等，动员适龄儿童入学和回收辍学儿童复学，并加强学籍管理，改革教学方法，提高教学质量，让学生进得来、留得住、学得好。由于措施得力，9 县"四率"均有明显提高，达到了普及初等教育的标准，并按省里要求，解决民办教师待遇，实现了乡统筹。有的还实行了人民教育基金制度，多渠道筹措资金，大力改善办学条件。靠自力更生，艰苦奋斗，9县的25个乡在较短的时间内，实现了"一无两有"，"六配套"建设也取得较大进展。经过省、市、县、乡齐心协力，攻克难关，终于在上述地区如期实现普及初等教育的目标。

1988年初，省政府把多渠道筹措教育经费，解决中小学危房问题列入全省必须抓好的重点工程之一，要求全省各地务必采取强有力措施，保证解决中小学危房100万平方米，争取完成140万平方米，使危房比重由年初的5.4%下降到2%以下。为把这项工作落到实处，省、市（地）、县（市、区）、乡（镇）政府主要领导以及各级教委主任、教育局局长逐级签订目标管理责任书，把筹措资金解决中小学危房工作作为考核省长、市长、县长及其他有关领导政绩的主要内容之一。经过全省上下的共同努力，1988年全省多渠道筹措教育经费8.4亿元，解决中小学危房260万平方米（含新增因素），使危房比重下降到1.37%，超额完成了省政府规定的目标任务。1989年，省政府又把征收教育费附加、解决中小学危房工作列为省政府的重点工作，要求1989年全省基本完成消除中小学危房的历史任务，实现"一无两有"，争取60%左右的中小学实现"六配套"，并继续实行目标管理责任制，层层签订协议，促进这项工作顺利进行。到当年年底，全省多渠道筹措资金十多亿元，其中征收教育费附加3亿多元，消除中小学危房150余万平方米（含新增危房），危房比重下降到0.88%。

进一步落实"分级办学、分级管理"的管理体制，河南全省的基础教育得到了较快的发展，但也存在一些问题，突出的是乡办乡管初中的管理体制还没有得到很好的落实，全省还有大量的村小学戴帽初中，不少村际联办初中尚未改为乡办。由于初中设点过多，规模太小，造成师资和经费的严重浪费，质量、效益不高。为加强基础教育建设，完成普及义务教育的任务，在初中建设方面，全省各地积极落实乡办初中的管理体制，调整初中布局，改联办为乡办，撤销了部分戴帽初中，提高了教育质量和办学效益。

（三）群众性集资办学

河南省普及九年制义务教育的任务是相当艰巨的。由于经济落后，财政困难，1985 年全省人均教育经费仅为 9.25 元，远低于全国人均教育经费 17 元的水平；中学生生均教育经费只有 98 元，离全国中学生生均教育经费 128 元的水平有相当大的差距，居全国倒数第三位；小学生生均教育经费 27 元，几乎是全国小学生生均教育经费的 1/2，为全国倒数第一。由于教育经费投入严重不足，各级各类学校尤其是广大农村地区中小学办学条件极差。全省中小学危房面积 329 万平方米，严重漏雨的破旧房屋 180 万平方米，占中小学校舍总面积的 14.1%，远远高于全国中小学平均 7% 的危房率。许多地方的学校校舍破旧不堪，年久失修，缺桌少凳。群众形容"有砖不过千，有门没啥关，有窗垒着砖，有顶漏着天"，"黑屋子，土台子，里面坐着泥孩子"，校舍倒塌造成师生伤亡的恶性事故屡有发生。1986 年 9 月 16 日，许昌县灵井乡大郑村小学育红班教室突然坍塌，正在上课的 45 名小学生死亡 11 人，砸伤 34 人。事故的发生震动了各级政府，惊动了中央领导。加快基础建设，改善中小学办学条件，已经成为教育发展的当务之急，也是全省上下的共同呼声。

随着教育体制改革的深入，全省上下掀起了更大规模的集资办学、捐资助学热潮。各级党委、政府主要领导经常深入学校，调查了解情况，总结推广经验。1987 年，时任省委书记杨析综在平舆县调查，发现该县李屯乡不等不靠，充分发动群众，依靠自己的力量，把全乡中小学都建设成为标准化学校，就及时召集有关部门负责同志研究，要求省教委在全省推广他们的经验。省政府主要领导在 1987 年明确提出"治穷先治愚，治愚先抓教育"的口号。1988 年 3 月，省教委将豫东虞城县集资办学的先进材料上报省政府，省政府很快核实了材料所述事实：该县县委县政府 1987 年把集资办学列为头等大事，全年筹资 1160 万元，新建校舍 4000 多间，清除危房 2700 间，当年全县中小学实现"一无两有"。省长立即指示总结经验，大力宣传，亲自主持现场会。在各地市主管教育的市长、专员和新闻单位参加的现场会上，省长讲话总结虞城县的五条经验：一是领导有决心；二是多渠道集资；三是加强宣传，多做思想工作；四是建房标准从实际出发，量力而行；五是集资后抓紧建设，保证质量。号召全省向虞城县学习。各级领导不仅思想上高度重视，积极响应，回到各地市抓落实，而且以身作则，慷慨解囊，带头捐资。据不完全统计，仅 1990 年以后，全省就有 30 余人次省级领导、169 人次地市级领导、6877 人次县市级领导、98262 人次乡级领导为建设学校发展教育捐资。在少数人对集资办学发生怀疑，甚至提出异议时，各级领导态度坚定，旗帜鲜明，勇于为教育部门排忧解难，撑腰做主。这种"为官一任，兴教一方"的实际行动，为群众集资做出了表率。先后任省教委副主任、党组书记、主任的徐玉坤，7 年间一直分管集资办学工作，为深入调查研究，加强现场指挥，他跑遍了全省的 100 多个县、市的上千所学校，为集资办学出谋划策，排忧解难。他工作勤奋、投入，几近废寝忘食、夜以继日的程度，以至积劳成疾，1991 年 12 月的一个凌晨因心脏病突发住进了医院。信阳地区分管教育的副专员郑淑真，为集资办学走遍了全区 10 个县市的 200 个乡镇。信阳地区雨多水多沟岔多，她经常冒雨赤脚行走在乡间泥泞的小道上，到一个个农村学校检查危房。像这样领导率先垂范、艰苦奋斗的感人事迹举不胜举。

在各级干部的带动和各种形式的宣传鼓动下，河南省广大人民群众充分认识到集资兴教是功在当代、利在千秋的伟业，一个群众性集资办学、捐资助学的热潮，迅速在中州大地兴起，涌现许多感人肺腑的先进人物和事迹。

农村基层干部和共产党员是"火车头"，他们带头捐款捐物，出力流汗兴建学校。许多农村党支部和村委会把原来准备建办公楼的款、料用作建设学校，许多人不要报酬长期劳作在建校工地。温县有位村支书叫杨金砖，他 1990 年把劳动所得的 10 万元献出建学校，自己一家人却仍然住在没有围墙和院门的 3 间旧瓦房里。南阳县有一位老共产党员严丰鸣，身患癌症将不久于人世，他告诉儿子不要再为自己花钱了，省下的钱要捐助学校，捐款的第二天他就与世长辞了。在济源市思礼村，有些迷信的人成立"修庙董事会"，而一些老党员和村干部却成立了"建校董事会"，文明终于战胜了迷信，该村群众集资 42 万元，为学校建起了两栋标准的教学楼。

农村先富起来的专业户、企业家为发展教育捐助了大量资金，许多人成了捐资兴教的功臣。沈丘县留福村张新亚，5 年投资 80 万元，为村里建起了幼儿园、小学、初中和职业技术高中。因建校急用资金，他卖掉了家里的电视机、自行车，受到全村人的赞扬。洛阳市郊区村民刘宏欣，投资42万元建起一所"六配套"学校，修建了教师宿舍。还有捐资46万元建一所职业初中的长葛县农民企业家张成协，3年为教育捐资近40万元的巩义市民间医生杨天祥，7年为教育捐资40多万元的密县农民企业家王振义，先后为教育捐资30万元的滑县农民企业家魏松岭等许多人，都为改善家乡的办学条件作出了贡献。

刚解决温饱问题的广大农民群众为修建学校也拿出了自己有限的积蓄，表达了对兴办教育的无限深情。淇县黄洞乡模范烈属靳月英，把自己上山割草种树所得的钱和政府按月发放的52元抚恤金捐给学校或给学生买学习用品。开封陈留镇以修鞋为生的残疾人高步青，把自己辛苦攒下预备买轮椅的500元钱，捐给镇上用于办学。镇平县柳泉铺乡火烧庙村群众，对村小学草屋破房忧心如焚，主动找到村干部要求集资，自己动手，建起了一所新学校。

1988年初，漯河市在省政府发出用2年时间在全省消除危房的指示后，采取多种形式大力宣传，市政府发表了《致全市人民的一封信》，极大地调动了社会各界投资教育的积极性，一个只有200万人口的小城市，在短短1年时间内多渠道筹措经费3300万元，消除危房169万平方米，基本实现了"一无两有"。沁阳市紫灵乡赵寨村学校原是个祠堂，破旧不堪。1987年，村里动员群众先后集资107万元，建成一所占地22亩、建筑面积6100平方米的仿古式花园学校。范县大屯村的三个行政村规划了一条长400米、宽8米的东西大街，街道两旁建设了小学、中学和农民技术学校，取名教育街。长葛县八六村投资80万元，建成一座4000平方米的教学大楼和配套设施齐全的全新学校。

全省上下集资办学的义举，也影响和感召了许多在港台生活和旅居海外的河南籍同胞。祖籍偃师县的台胞黄国璋，为家乡捐赠100万美元建一所中学。原籍封丘县的台胞王希哲捐资400万元，原籍长葛的台胞杨荣尧捐资210万元，原籍孟津县的台胞靳天锁捐资80万元，分别为家乡修建了学校。他们的义举受到了当地人民的赞誉。

1989年，全省多渠道筹措教育经费11.5亿元，其中群众集资达4.09

亿元。全省村办学校投资在 30 万元以上和乡办学校投资在 40 万元以上的先进单位有 458 个。

1990 年，全省人民高举"人民教育人民办，办好教育为人民"的旗帜，以消除中小学危房和在 90% 以上中小学实现"六配套"建设为目标，努力改善办学条件，当年多渠道筹措教育经费达到创纪录的 20.57 亿元，比 1985 年增长 78.25%，首次超过新中国成立以来同期国拨教育经费的总和。其中社会集资办学和群众捐资助学资金达 11.08 亿元，比上年增长 170.9%。全省各地涌现一大批集资兴教的先进典型，乡、村一级一次性集资建校投资 30 万元以上受到省教委表彰的先进单位有 792 个。

1991 年和 1992 年，河南省多渠道筹措教育经费、改善办学条件，由解决危房、实现"一无两有""六配套"、改变落后的办学条件为重点的人民群众筹资建校阶段，逐步发展到提高建校质量标准、强化学校管理、充实教学设施等为主要内容的新阶段。1991 年全省多渠道等资总额 19.14 亿元，其中社会、群众集资捐资达 9.6 亿元，并涌现一次性集资建校投资 30 万 ~ 40 万元的乡、村单位 619 个，个人捐资助学在万元以上的有 212 人。个人捐资最多的是滑县高平乡蒙提村党支部书记蒙恩堂，捐资 43 万元。1992 年，全省以迎接全国集资办学河南现场会为契机，在原有基础上又有新成果，当年全社会多渠道筹资达 20.05 亿元，其中来自社会各方面的集资和群众捐资达 9.02 亿元，占筹资总额的 45.3%。

多方发动社会力量集资办学、捐资助学，多渠道筹措办学资金，河南教育的发展呈现前所未有的新局面。十年间多渠道筹集预算外资金相当于同期国拨经费的 68.31%。其中社会集资和群众个人捐资 45.84 亿元，占总筹资的 49.05%，大大改善了中小学的办学条件，在不断增加国拨教育经费的基础上，长期困扰中小学的教育经费短缺问题得到了较好的解决，积累了成功的经验，使教育的战略地位得到了真正的落实。

基础教育根据九年制义务教育发展规划的目标要求，有计划、分步骤地实施。到 1992 年，全省小学学龄儿童入学率和年巩固率已高于全国 97.2% 和 97.6% 的平均值，分别达到 98.7% 和 98.9%；小学毕业生的 68.4% 升入初中学习，初中毕业生的 31.6% 升入高中学习。改善中小学办学条件工作也取得了历史性的突破：全省从 1988 年以后连续 5 年危房比例稳定控制在 0.5% 以内，到 1992 年，全省中小学危房比例降低在 0.25% 以内，其中郑州、开封、安阳等 9 市危房比例降到 0.1% 以下，全省连续 3 年没有发生危房倒塌死伤师生的恶性事故，基础教育的办学条件得到历史性的根本改善；全省实现"六配套"的学校数量达到 47893 所，占学校总数的 97.6%；"六配套"建设一级标准率达到 50% 左右，建校质量大幅度提高；全省中小学新建楼房达到 19892 幢，楼房面积占校舍总面积的比重达到 30%，有效地改变了过去全省特别是经济欠发达地区中小学长期存在的"三多"（土草房多、砖坯房多、低矮房多）"一少"（楼房少）的落后局面。结合"六配套"建设，省教委还在 1991 年提出在全省各地有目的、有计划地建设一批示范性学校。经过两年努力，累计建成示范性学校 7575 所，约占全省中小学总数的 15% 左右。这些成果，极大地促进了基础教育的持续稳定和协调健康发展。

为表彰河南人民集资兴教的成就，1992 年 5 月，全国各大新闻媒体记者组成赴豫采访团，对河南多渠道筹资兴教办学进行现场考察采访，并先后在各大媒体头版显著位置发表新闻稿件和文章 30 多篇，编辑整理了十多集电视纪录片及系列报道连续播放，在全国引起了极大的关注。1992 年 9 月，国家教委、国家计委、财政部联合颁发《关于嘉奖河南省人民政府的决定》，充分肯定和表彰了河南坚持多渠道筹措教育经费改善办学条件取得的成绩，还在河南召开了现场会，总结推广河南集资办学的经验。会议期间，组织代表参观了全省 17 个地市，近 50 个县、市、区，参观考察各类学校 450 多所，代表们对河南筹资办学所取得的成绩给予了很高的评价。

二 贯彻教育方针，提高教育质量

（一）端正教育思想，全面贯彻教育方针

进入改革开放的新时期，河南教育发展的主流是好的，取得了巨大的成绩，积累了一些经验，但是在不同程度上存在脱离实际和"片面追求升学率"的倾向，在一个时期内甚至还很严重。比较明显地表现在城乡基础教育中普遍存在给学校下达升学指标、按考试名次排队、以升学率作为评定学校质量唯一标准的现象，成为阻碍全面贯彻教育方针的"顽症"。有的

学校为了保持和提高升学率，集中学校优秀教师办往届毕业生复习班，而不惜牺牲大多数学生特别是应届生和成绩一般学生的利益；同时用分数作为衡量学生学业成绩的唯一标准，忽视对学生的思想品德教育和全面发展，由此造成重智育，轻德育、体育和劳动技术教育的现象；教学内容偏难、偏多、脱离实际，过于机械的训练既损害了学生的身心健康，也阻碍了学生创造性才能的发展与和谐个性的养成，影响了学生整体素质的提高，也就在相当程度上降低了教育质量。另外，单一性的升学教育使大部分未能升入高一级学校深造的学生在进入社会之前未能受到起码的职业技术教育，因而不能较好地适应现实的社会生产，造成事实上的教育浪费。

要解决这个问题，一方面需要各级政府和有关部门以及全社会的共同努力，协调一致、综合治理；另一方面，各级各类学校特别是基础教育必须切实转变教育观念，着眼于提高民族的思想道德和科学文化素质，全面贯彻教育方针，面向全体学生，真正培养有理想、有道德、有文化、有纪律的有用人才。

1. 纠正片面追求升学率倾向

首先是加强对中学的管理。由于受到片面追求升学率的影响，在普通中学管理方面存在着一些混乱现象：有的学校招收往届毕业生插班复读，造成班级人数严重超额；有的学校随意淘汰差生，强迫其退学，造成流失现象严重；有的学校在接收转学生中搞不正之风等。这些都严重影响了学校正常的教学秩序，干扰教育改革的正常进行。

针对这些问题，1986 年，省教委颁发《河南省全日制普通中学学籍管理施行办法》，对学生转学、休学和复学、退学、成绩考核、升级、留级、毕业、修业、肄业、奖励和处分都做了明确规定，要求端正办学指导思想，纠正片面追求升学率的错误倾向。1987 年在中招工作中，省教委明确规定：高中和农村初中不准举办全日制或业余的升学复习班，也不准变相将毕业生插进相应班级重读。如有违反规定者，教育主管部门要追究学校领导的责任，同时予以纠正。凡是重点中学举办升学复习班的，取消重点中学称号。1992 年，省教委又专门发布文件，要求各地限期清退普通高中在校复读生。在各地自查清退的基础上，省教委组织力量分赴各地检查，以巩固清退成果。制止重复教育，受到社会各界包括广大师生的欢迎。受片面追求升学率倾向的影响，有的重点中学班额多达 100 多人，严重影响学生的全面发展和教育教学质量的提高。为此，根据省领导专门批示，省教委从重点中学着手，规定省重点中学招生，每班 44 人，名单报省教委备案；若突破规定班额，必须报经省教委批准。各地根据要求，从实际出发，加强了学籍管理，使重点中学班额严重超员问题得到一定程度的解决。另外，为制止普通高中擅自提前文理分科的现象，省教委决定，从 1987 年秋季开始，全省普通高中各年级一律不得进行文理分科，严格按照国家教委规定的中学教学计划开设课程，按教学大纲、教材要求进行教学。

一个时期以来，出现一些高级中学为非高中毕业生发放毕业证书现象，社会反响强烈。为杜绝此类事件的继续发生，完善全省高级中学毕业证书管理制度，1988 年，省教委决定，从当年开始，全省高级中学（含厂矿企事业所办高中）毕业证一律加盖"河南省高级中学毕业证专用章"钢印。实行这一办法后，基本上消除了随意发放高中毕业证书的现象。

按照中等教育结构改革的要求，在一些普通高中较多的地方，继续有计划地将一批普通高中改为职业中学。1989 年，全省普通高中由上一年的 1003 所减为 958 所，减少 4.5%；在校生由 525098 人减为 495373 人，减少 5.7%。为引导重点高中进一步端正教育思想，严格按教育规律办事，省教委组织有关专家和教育部门领导对郑州一中、开封高中、新乡一中和洛阳一中 4 所省重点高中进行办学思想评估，同时要求各地市对所属的重点中学进行同样的评估。针对某些初中用经济手段惩罚学生的问题，省教委于 1987 年 9 月通报各地进行了批评，重申任何学校不得以任何理由对学生罚款；各级教育行政部门要引导学校全面贯彻教育方针，克服片面追求升学率的倾向，对于用经济手段惩罚学生的行为，要及时加以纠正。

在普通高中实行毕业会考制度，是基础教育领域的一项重大改革。1989 年，省教委决定从当年入学的高中一年级开始执行调整后的教学计划，分 3 年会考历史、语文、数学、地理、生物、政治、外语、物理、化学 9 门课程。1990 年是河南省实行高中毕业会考的第一年，从当年起，采取对高中一年级新生统一编号的办法，以加强对会考工作的管理。1991 年，根据国家教委统一部署，结合本省高中毕业会考的实际情况，省教委于 11 月发出《关于我省普通高中毕业证书有关问题的通知》，规定从 1992 起，全省统一发"河南省普通高中毕业证书"和"河南省普通高中修业期满证书",由各地市代行加盖"河南省高级中学毕业证专用章",会考成绩使用省教委统一制作的专用章盖印;学生学号全省统一编排,各地市具体落实,3 年不变。为充分发挥会考功能,1992 年,省教委要求把会考工作同教育行政、学籍、教学管理有机结合起来,促进教学改革,提高教学质量。为此,建立普通高中学生信息库,把学生在校期间的基本情况输入电脑,软盘由省、市同时存档,有效地加强了学籍管理和教学管理,对控制普通高中招生规模,控制休学、留级、转学、退学等都起到了重要作用。

其次是小学教育改革。1986 年 8 月,省教委印发《关于全日制小学减轻学生过重负担全面提高教育质量的十项规定》,对小学教育的性质、衡量一所小学质量的标准做了进一步阐述,同时要求,学校应严格按照部颁或省颁全日制小学教学计划开设课程,按照各科教学大纲和教科书进行教学,不准任意提高要求;要根据少年儿童身心发展的特点建立科技、音乐、美术等兴趣小组,吸引学生参加各项丰富多彩的课外、校外活动,开阔学生视野,培养个人爱好,发展学生的智力和能力;结合时代特点和小学生年龄特点,不断改进和加强小学生思想品德教育,要保证学生的睡眠、休息和课外文体、科技活动的时间,以及从事家务劳动和一定的自由支配时间;教师要努力学习教育理论和国家有关教育的方针政策,提高思想认识水平;各级教育行政部门不得给学校下达升学指标,不得按初中招生考试的成绩排队,不准根据名次先后向学校施加压力;严格控制考试次数,改革考试办法,任何单位和个人不准擅自编印应付考试的习题集、练习集、复习资料等。各地都按规定采取了有效的措施,减轻了学生负担。省教委及时总结、推广了各地的经验。如焦作市市区初中招生实行小学对口升入初中,不再进行升学考试的办法;洛阳市取消小学毕业会考,按平时成绩升入初中;郑州市规定德、智、体、美、劳全面发展的小学,可以保送 15% 的毕业生自由选择初中,都收到了好的效果。

2. 全面贯彻教育方针,全面提高学生素质

针对中小学思想政治教育与新时期的形势和要求不相适应,一些学生缺乏理想,法制和纪律观念淡薄,容易受错误思潮影响的实际情况,省教委于 1987 年制定了《关于加强和改革中小学思想政治教育工作的意见》,

对新时期中小学思想政治教育的指导思想、主要内容、方法途径、队伍建设、领导管理等做了比较详细的论述和规定。全省中小学通过开展丰富多彩的活动，使思想政治工作更有效地发挥作用，涌现了许多思想政治教育先进集体和先进个人。

为加强中小学美育工作，省教委首先对美育师资进行培训。1987年8月，在商城县举办中小学和幼儿园音乐教师夏令营，请有关专家对各地选派的50名音乐教师进行音乐和舞蹈方面的训练。1989年，省教委还组织力量对中小学美育的基本情况进行了调查研究，在此基础上草拟了《河南省实施〈全国艺术教育总体规划〉方案》，并利用假期举办为期一周的中小学美术教师夏令营，交流美育经验，开展写生和评选好作品活动。经过努力，中小学的美育工作进一步受到重视，音乐与美术教师队伍得到加强。1989年，全省中小学的音乐与美术教师发展到13442人，学历合格率也有所提高。1994年11月，在洛阳召开了全省中小学音乐教学观摩和基本功比赛大会，1000余名地市音乐教研员、骨干教师参加，在会上组织了文艺演出，观摩了示范课，展示了河南省音乐教学的成果。

为总结推广中小学劳动技术教育的经验，进一步推动这项工作的进行，省教委于1987年11月在郑州召开全省中小学劳动技术教育经验交流会。会上，有8个单位介绍了进行劳动技术教育的经验。为解决师资和教材问题，省教委委托河南省职业技术师范学院培训了两批中学劳动课教师，组织力量编写教材。劳动技术教育在全省中小学进一步得到重视，越来越多的学校开设了这门课。1990年6月，在南阳召开了全省中小学劳动技术教育工作会议，省教委强调必须深刻认识教育与生产劳动相结合的重要意义，积极创造条件，解决好基地、师资、教材及经费问题；制订规划，加强领导，尽快推动开展劳动教育工作。当年9~10月，组织了全省中小学劳动技术教育大检查，基本掌握了开展情况，为有针对性地解决劳动教育问题，促进其健康发展创造了条件。由于中小学劳动技术教育引起各级教育部门的进一步重视，并得到各级党政机关、社会各界的关心和支持，截至1990年底，全省51%的中学和37%的小学有了劳动基地，26%的中学和0.6%的小学有了校办工厂。农村小学平均每班有0.2亩农田，初中有0.5亩，高中有0.4亩。中小学校劳动课和劳动技术课的开课率高中为60%左右，初中70%左右，小学 87% 左右。自编乡土教材的，高中有 11%，初中有 10%，小学有 17%。不少学校在劳动教育和劳动技术教育中探索和总结了许多成功经验。

全省上下采取了切实有力的措施，努力纠正片面追求升学率倾向，全面贯彻教育方针，全面提高教育质量，逐步使基础教育由应试教育向素质教育转轨，教育质量得到明显提高，基础教育得到持续稳定协调健康发展。全省小学儿童的年入学率、巩固率高于全国平均水平，初中学龄人口入学率达 61.6%，而全省小学、初中的留级率分别为 5.8% 和 2.9%，辍学率分别为 1.2% 和 5%。一批学习成绩优异的人才脱颖而出：在 1989 年举办的全国第六届中学生物理竞赛决赛中，河南省参赛的 7 名学生全部获奖；1992 年，郑州一中的杨保中和开封高中的石长春分别在国际奥林匹克数学、物理竞赛中荣获金奖，为国家和河南争得了荣誉；在广大中小学生中还涌现许多"雷锋式""赖宁式"的好少年、好学生，受到了社会各界的赞誉，发挥了很好的榜样示范作用。

（二）开展教学研究和改革实验

改革开放以后，河南省的教育科研工作取得很大进展。首先，教育科学研究机构由少到多，队伍由小到大。1989 年，全省地市教育学会已发展到 15 个，专业研究会 22 个，省级教科所 1 个，地市级教科所 6 个，高等师范院校教科所 2 个，各级各类专职科研和教研人员达到 1500 余人，兼职研究人员 500 余人。省教育学会直属会员 407 人，团体会员 8000 余人。1985 年，河南省教育科学研究所成立，它是河南省教育委员会领导下的教育科学研究机构，以研究河南省教育的实际问题为中心，着重于教育的宏观和应用研究，为河南省教育事业发展和教育改革提供了科学的理论依据，为全省各级教育行政部门的教育决策科学化服务，还担负全省教育科学规划的任务。

1985 年，河南省召开了新中国成立以来全省第一次教育科学规划会议。1987 年成立了河南省教育科学规划领导小组。1988 年召开了第二次规划会议，研究确定了全省"七五"教育科学规划重点项目 42 项，其中国家教委级 1 项，省社联级 6 项，省教委级 35 项，并制定了科研课题管理办法。教育科研工作不仅开展得更加自觉，而且研究重心也更加突出。在宏观教育研究方面，全省先后对人才现状及预测进行了研究，制定了河南省普通教育发展规划；在教育基本理论研究方面，开展了关于教育本质问题和人的全面发展问题的讨论，以及端正办学思想、克服片面追求升学率倾向的讨论，把教育理论研究与教育改革的实践相结合，为教育改革提供依据。另外，教育科研领域也更加广泛，由单一的教育学研究扩展到教育管理学、教育评价学、教育统计学、教育测量学、教育经济学、教育心理学、教育史学等方面，有些方面的研究在国内独树一帜，产生了较大影响。在教育科学研究方法方面，改变了过去单纯的思辨研究，而采用定性与定量相结合的方法，并且大量引进实验研究以及系统论、控制论、信息论、统计学、模糊数学等领域的研究方法。在对外交流、进行开放研究方面，1985年，河南省教科所被联合国教科文组织亚太地区教育办事处 APEID 联系中心接纳为中国16个联系中心之一，举办了亚太地区优秀中小学生科技才能发挥研究组会议，并先后派代表参加了在澳大利亚和日本举办的学术活动。

为贯彻"三个面向"的指导方针，改革旧的教育思想、教学内容和方法，在全省范围内开展了多种形式的教育教学科研活动。1986年，围绕课堂教学而展开的教育教学改革实验在全省范围内铺开并蓬勃发展。河南省承担了国家教委和人民教育出版社组织的实验项目，计有中学数学教材实验、六年制重点中学语文教材实验、注音识字提前读写实验，另有集中识字教学实验、说话教学实验和小学应用题教学实验等省级实验项目，实验学校由1985年的12所扩大到35所。1987年，除对原有实验项目进行总结、宣传、推广外，又开展了新的教改实验项目，如国家教委"七五"教育科研重点项目"中学思想政治课教学改革实验""小学数学教材实验"等。1988年，按照《中共中央关于改革学校思想品德和政治理论课程教学的通知》要求，在中学政治课改革实验取得初步成效的基础上，进一步扩大了实验范围，抓了政治课教师的培训，使教师进一步明确了政治课改革的指导思想，加深了对实验教材的了解，初步掌握了教好政治课实验教材的方法，在此基础上，又扩大了初中一年级《公民》课的实验范围，高中一年级《科学人生观》、高中二年级《经济常识》和高中三年级《政治常识》开始使用新编实验教材。

1986年，全省范围的教学研讨会、教学经验交流会、学术报告会举办了 14 场，邀请国内知名专家、学者及著名教师来河南讲学，参加活动的人数达十余万人次。通过这些活动的开展，总结推广了优秀教师的先进教学经验，交流了教改信息，促进了中小学教学质量的逐步提高。另外，还录制了小学数学，中学化学、生物等优质课录像向全省发行，有的还通过卫星电视频道播放。

1987 年，中学语文、政治、数学、外语、物理、化学、历史、地理、生物 9 个学科和小学语文、数学、思想品德等学科，都先后组织了多种形式的教学研究活动，召开教学经验交流会、学术报告会、优秀教改论文评选会等 50 多次，参加活动的人数有 2 万多人。如中学语文、数学、历史、生物等学科召开的学术报告会、教师培训会，小学语文学科召开的教学理论研讨会，小学数学和中学数学学科召开的教学改革经验研讨会等，都先后邀请了全国著名的专家、教授、特级教师来豫进行讲学。另外，还成立了河南省中学物理、生物教学研究会和音乐课中心教研组。

为加强学科教学中的德育研究，1990 年，省教委中小学教研室分别召开研讨会，研究在教学中如何贯彻落实德育为首的要求。结合学科特点，中学语文、数学、物理、化学、英语、历史、地理、生物 8 个学科分别编写出《德育教学参考》，按教材的章节、内容提出德育的结合点和实施建议，以便把德育渗透基础知识教学和基本训练中；有的学科还召开德育教学研讨会、教书育人研讨会等，探索德育教学与各学科的渗透问题，为有关学科德育教学的科学化、制度化、经常化、规范化提供了支持。

1990 年，全省范围内组织了对初中学生学习成绩两极分化情况的调查研究。通过调查，初步摸清初中学生学习成绩分化主要在数学、英语、物理等学科，分化原因既有办学指导思想不够端正的问题，也有教学内容难度过大、教学方法不当和师资水平方面的问题，在总结已有的解决分化的经验基础上，提出了有针对性的对策并逐步加以落实，取得了明显的效果。

1991 年，河南省在总结各地实验活动的基础上，先后对平顶山市优质课和新乡市目标教学活动组织研讨，并推广孟津县"注音识字，提前读写"实验和小学数学"应用题不分类型教学实验"。"注音识字，提前读写"是小学语文改革中的一项重要实验。河南省从 1984 年开始这项实验，到 1991 年已扩展到 17 个地市 1000 多所学校 1600 余班的 6 万余名学生。实验结果表明，这项教改活动不仅符合儿童学习语言的规律，而且能有效地促进学生在听、说、写方面协调发展。小学数学"应用题不分类型教学实验"历时十年，结果表明它对于减轻学生记忆负担、发展思维能力、促进基础知识教学有一定效果。此外，由开封市县街小学、一师附小、二师附小与河南大学合作进行的"小学教学整体改革实验"，安阳市的"初中数学教学改革实验"，新乡市的"说课"教学实验，开封市县街小学的"音乐教学开发学生智力实验"等也都取得了可喜的成果，丰富了课堂教学的方式方法。

（三）建立教育督导制度

为加强对教育工作的宏观管理和监督，保证教育政策法规的贯彻落实，1987年5月，省教委成立教育督导室，负责对全省省级以下教育行政部门和全省中小学、幼儿园、中等师范、职业中学贯彻执行教育方针、政策、法规、规章情况，以及教学工作量、人事、经费、校舍设备等行政管理工作的监督，负责对下级教育部门和学校的工作进行评价；帮助和指导下级教育部门和学校的工作，反映这些部门和教育工作者的要求；对教育工作中的有关问题进行调查研究，并向政府和教育行政部门提出意见和建议；对教师、干部的聘任、任免、表彰、奖励、批评、处分按照干部管理权限向有关部门提出意见；分别对地区行署、市、县政府领导工作的情况提出批评和建议。各地（市）建立教育督导机构和工作制度也相应地提上了议事日程。

1989年，国家教委组织了全国范围内的中小学五项督促检查，即查教育经费增长政策和教师经济待遇的落实情况，查校舍中危房的改造情况，查中小学生流失的制止情况，查乱收费现象的改正情况，查《中共中央关于改革和加强中小学德育工作的通知》初步贯彻情况。河南省高度重视"五查"工作，各级教育行政部门和中小学校都把"五查"工作当作一件大事来抓，积极建立督导机构，组织督导检查队伍。省教委还编印了《五项督导检查法规文件汇编》和《教育督导检查简报》，制定评估细则。从6月开始，全省范围内的中小学教育"五查"工作在各地陆续展开，很快掀起校校自查、乡乡自查、县县自查的热潮。9月，河南省"五查"领导小组对洛阳市、偃师县和信阳市、光山县进行了重点抽查，并于10月初在郑州召开全省"五查"工作汇报会。10 月 19~31 日，国家教委"五查"小组对河南省的"五查"工作进行重点抽查，共抽查 3 个地（市）及 93 所中小学，总的认为，河南省的"五查"工作，领导重视，认真扎实，指导思想明确，注意边查边改，基础教育取得很大成绩，存在问题解决较好。从 11 月开始，省教委组织力量，对全省其他 14 个地（市）及所属的 26 个县进行了考察，重点了解整改工作进展情况。

为现固和扩大 1989 年中小学教育五项督导检查成果，经省政府同意，从 1990 年起，用 3 年时间，每年对"五查"进行一次复查，使国家有关中小学教育五个方面的法规、政策得到较好落实。1990 年，省教委要求各地、市、县尽快建立、健全督导机构，充实督导人员，逐步形成全省督导网络，各地市教育督导机构的建立和建设取得突破性进展，到 1990 年底，全省 17 个地（市）中已有 16 个建立了督导机构，所辖 153 个县（市、区）中已建立督导机构的有 121 个。

为解决小学生课业负担过重问题，根据国家教委要求，1992 年，省教委开展了小学生课业负担专项督导检查工作。在各地进行认真自查和检查的基础上，省教委于 11 月对有关市（地）县进行抽查，采取听、看、访、问、查、谈、测等方法，共听课 70 节，走访教师 200 人，学生 240 人，问卷调查教师 520 人，家长 840 人，学生 240 人。在抽查中发现许多学校在抓好教学常规管理的同时，抓教育观念的转变和教法、学法的改革，大力提高课堂教学效率，并要求教师接受继续教育，更新知识，改革教法，提高教学质量，在减轻学生课业负担方面起了积极作用。

第五节 走进新时代

一 "夯实"两基，普及九年义务教育

作为一个内陆农业大省、人口大省，适应经济结构调整、产品升级换代的客观需要，把沉重的人口负担转化为人力资源优势，提高人口的整体素质，为全省经济、社会发展奠定比较坚实的基础，是摆在河南各级有关部门和广大教育工作者面前的一项光荣而艰巨的任务。河南省始终坚持把

"基本普及九年义务教育"和"基本扫除青壮年文盲"作为教育工作的重点，按照"实事求是、积极进取"的方针，分类指导，逐年推进，使"两基"工作在 20 世纪的最后几年上了一个新的台阶，全面推进素质教育也取得较好的成绩。

到 20 世纪末基本普及九年义务教育，是国家的一项重大战略决策，是提高民族素质的奠基工程，是整个教育工作的"重中之重"。河南省委省政府根据河南的实际情况，明确了"普九"的目标和任务，即到 2000 年，在占全省人口 85%以上的地区基本普及九年义务教育，使全省小学学龄人口入学率达到 99%以上，初中学龄人口入学率达到 85%以上。河南作为人口大省，义务教育规模居全国各省、区、市第一位，但经济和教育基础却比较薄弱，特别是还有不少贫困县。即使没有列入贫困县的地区，经济条件也大都不是很好。因此，到 2000 年在全省实现"普九"，达到全国的平均水平，困难很多。另外，从 1994 年开始，河南省进入义务教育适龄人口高峰期，小学在校生平均每年增加 40 万~50 万人，初中在校生每年增加 30 万人。而国家又把河南划为"二片普九"省份，要求到 1998 年基本"普九"，这就比原定规划提前两年，"普九"任务更是艰巨。截至 1996 年，全省已实现"普九"的县（市、区）79 个，人口覆盖率只有 34.2%，远低于 50% 的全国平均水平。综合各种情况看，困难和不利因素是比较多的，"普九"形势相当严峻。

为加速推进普及义务教育，河南省采取了一系列重要的政策措施，以确保"普九"任务的顺利完成。

（一）强化政府行为，严格目标管理

为从组织上落实"普九"重中之重的地位，河南省成立了由主管教育的副省长任组长的"两基"工作领导小组，省教委成立了以教委主任为组长的"普九"工作领导小组，各地、市、县政府及教育行政部门也都成立了相应的领导小组，以切实加强领导。各级党政部门和领导高度重视，正确引导，制定切实措施，加强舆论宣传，为推进"普九"工作创造了良好的社会环境。1995 年，中共河南省委宣传部、省人大常委会教科文卫工作委员会、省教委等联合发出《关于大力开展〈义务教育法〉宣传月活动的通知》。全省各地利用报刊、电视、广播等多种形式，掀起了宣传《义务教育法》的高潮，收到了较好的效果。1997年，《中国教育报》头版头条发表了时任河南省省长马忠臣《齐心协力打好"普九"攻坚战》的署名文章，并在同版报道了河南省扎扎实实推进"普九"的情况，在全国产生了一定的影响，在省内反响更为强烈，吹响了"普九"攻坚的号角。

从实际出发，河南省制定了普及义务教育的规划，并根据各地经济、教育发展的不同情况，因地制宜，分类指导，把158个县（市、区）分为四类地区有步骤地实施：约占全省人口30%的城市市区、省特别试点县（市）及其他经济发展程度较高的县（市），1996年普及；约占全省人口30%的经济发展程度中等的县，到1998年普及，这两类地区主要依靠自身努力实现"普九"；约占全省人口25%的经济发展程度较低的县，到2000年普及；其余的占全省人口15%的经济比较贫困的地区，到21世纪初基本普及。为在财政方面保证"普九"规划的顺利实施，河南省认真实施"国家贫困地区义务教育工程"、世界银行贷款与"贫三"项目的同时，调动市、县政府和社会各方面的积极性，按时或提前完成"普九"任务。

按照"原规划不变，工作尽量往前赶"的指导思想，全省上下增强责任感和紧迫感，实行严格的双线目标责任制。一条线是由省政府与各地市政府签订目标责任书，一签三年，层层分解；另一条线是把主要任务指标分解到市、县、乡的教育部门和学校，强化责任，一级抓一级，层层抓落实。为保证实施义务教育的基本办学条件，全省各地切实加大对教育的投入，除国家财政拨款外，用足用好国家有关政策，积极筹措教育经费。认真实施《义务教育法》，采取政府、学校、家庭、教师齐抓共管的办法，制止中小学生辍学、流失等现象，使适龄儿童都能够接受义务教育。大中城市则加快中小学建设，解决适龄学生上学难问题。通过强化各级政府的责任扎实推进"普九"工作在全省得以顺利实施。

（二）实施"国家贫困地区义务教育工程"和"普九扶持工程"

"国家贫困地区义务教育工程"是党中央、国务院为帮助贫困地区普及九年义务教育而实施的一项重要的政治工程、民心工程，从1995年到1997年，三年内共补助河南省1.64亿元，加上本省各级财政落实配套资金，资金总量达到 6.5 亿元，主要集中用于 34 个贫困县的"普九"工作。

为切实搞好项目建设，各项目县都制订了科学的项目规划，同时层层签订责任书，建立并落实目标责任制，经过上下齐心协力，到 1996 年底，全省已有 3270 所项目学校开工建设，占项目学校总数的 40%，土建项目任务完成 716 所，占土建项目学校总数的 46%。国家教委、财政部对工程的实施情况给予了高度评价。

1997 年是"国家贫困地区义务教育工程"实施的最后一年，为确保"工程"顺利进行，全省上下做了大量工作：为落实省及地方各级财政配套资金，省政府拨款 6600 万元，省教委筹措 2400 万元，同时敦促地方政府拿出相应的配套资金，保证了工程资金的及时到位；为加强对"工程"的管理工作，召开了"工程"实施工作汝阳现场会，推动了全省"工程"建设工作的顺利进行；另外，多次组织专家深入各项目县检查指导工作，及时解决"工程"实施过程中出现的情况和问题。

由于领导细致，措施得力，经过三年的建设，到 1998 年，河南省"国家贫困地区义务教育工程"建设资金全部到位，"工程"实施情况良好，建设任务圆满完成，并顺利通过国家验收。开工建设的 8287 所项目学校，共完成土建面积 216 万平方米，购置教学仪器设备 191.6 万套，课桌凳 60.36 万单人套，图书 930 余万册，培训校长 11551 人次，培训教师 76861 人次。当年 34 个项目县中有 26 个通过了省政府的"普九"验收。中央检查组及多家新闻单位对"工程"建设给予了高度评价，教育部、财政部为此奖励河南省 1400 万元专款，奖励数目居全国 13 个项目省第一位。

全省 34 个贫困县得到了国家集中扶持和世界银行贷款的资助，"普九"工作大有起色，而经济欠发达县仍是"普九"工作中的重点和难点。为了帮助这些地方加快"普九"进程，确保全省"普九"总体目标的实现，河南省于 1997 年启动实施了"普九扶持工程"。该工程计划用三年时间，拿出 5000 万元重点资助 28 个经济欠发达县，其中当年就落实 2700 万元，扶持了 14 个经济欠发达县，使 332 所项目学校开工建设。1998 年，按照重点扶持与"普九"目标挂钩的原则，继续筹措 3100 万元帮助经济欠发达县普及九年义务教育，加上地方配套资金到位，极大地促进了这些地方"普九"工作的顺利进行，8 个项目县中有 6 个当年通过了省政府组织的"普九"验收。另外，对接受省政府"两基"验收的 33 个县中困难较多的 34 个乡（镇）给予重点扶持，使这些经济薄弱乡（镇）改善了办学条件，达到了"普九"的要求。

（三）加强对"普九"工作的督导

为进一步规范对"普九"工作的组织领导，加大工作力度，保证"普九"的质量，1995 年，有关部门对于 1986 年出台的《河南省实施〈中华人民共和国义务教育法〉办法》根据新的情况作了修订、补充，于当年 10 月 31 日在省八届人大常委会第十六次会议上正式通过，并于 1996 年 1 月 1 日起生效。修订后的义务教育实施办法对在本省普及义务教育的要求、实施步骤、具体措施和相关法律责任问题做出了进一步明确的规定，成为一部对"普九"更具有推动力的重要的地方性法规。1996 年，根据《〈中华人民共和国义务教育法〉实施细则》和国家教育委员会《普及九年义务教育评估验收办法（试行）》，结合河南实际，省政府印发《河南省普及九年义务教育评估验收实施细则（试行）》，它对普及程度、师资水平、办学条件和教育经费、教育质量等指标要求和评估验收的程序做出了明确的规定，有效地保障了"普九"的质量。1997 年，省教委还下发了《关于加强普及九年义务教育管理的意见》，对解决诸如规范教育集资、制止乱收费等群众反映强烈的热点、难点问题，做出了有针对性的规定，并利用各种宣传媒介广泛宣传，做到家喻户晓，保证"普九"工作的健康发展。按照省政府与各地签订的"普九"目标责任书，河南省多次组织力量对拟在历年度完成"普九"任务的县（市）进行检查，落实目标完成情况，督促政府行为到位，调动了市、地政府"普九"工作的积极性。

1998 年是"普九"关键性的一年，为完成确保 25 个县、争取 34 个县"普九"的任务，坚持"抓典型、促后进，抓住重点、突破难点，多指导帮助、少施加压力"的原则，省政府先后组织了四批（次）过程督导，促使36 个县（市）政府共追补 1997 年财政对教育拨款 1.73 亿元，教育费附加7500 余万元，保证教育经费的及时到位。同处贫困地区的柘城县和息县两地由于工作力度大，"普九"效果好，被省教委树为典型，并及时邀请封丘、长垣、内黄、滑县、尉氏 5 县的主管县长、教委主任及所在市地教委负责同志前往参观学习，拓宽了工作思路，学到了经验，找到了差距，鼓足了干劲，他们回到各自县里切实抓紧开展工作，加快了本地"普九"进程，提高了"普九"工作质量。

1999 年，经省政府批准，省教委在郑州举办"普九"评估验收培训班，组织尉氏、杞县、兰考、洛宁、郏县、叶县、鲁山、滑县等 21 个尚未"普九"县的主管县长、教委主任和所在市、地教委领导参加培训学习，以推进这些地方"普九"工作的进程。通过组织四批次过程督导和评估验收，了解各地教育经费的落实情况，督导兑现欠拨经费和欠征教育费附加，查看办学条件和普及程度，有力推动了"普九"工作的开展，为顺利实现河南省的"普九"目标起到了积极的作用。

正是由于加强了对"普九"工作的督导，并坚持验收与帮扶相结合，河南全省"普九"工作得以健康顺利进行。

（四）"普九"后的巩固提高

"普九"工作是长期的系统工程。为保证"普九"质量，防止反弹，省教委制定了《河南省巩固"普九"成果提高"普九"水平的基本要求及检查验收办法》，要求实现"普九"的县（市、区）三年达到标准。除对通过"普九"验收的县（市、区）进行跟踪检查外，在城市市区，普遍加强对薄弱学校的改造，深化初中升学制度改革，积极推行初中划片招生，解决流动人口子女和城市下岗职工子女上学问题；在广大城乡，采取各种措施，着重解决学生失学和初中适龄人口入学高峰问题。

1999 年，省教委根据省政府的有关规定和对 96 个已实现"两基"的县（市）1998 年统计资料的分析，在进行"普九"评估验收的同时，分别对获嘉、卫辉、安阳、长葛、汝南、唐河 6 个县（市）的"两基"工作进行了复查，共查看了 34 个乡（镇）、26 个行政村、52 所小学、58 所初中，走访座谈 196 人次，督促各县（市）戒骄戒躁，不断增加教育投入，加大工作力度，巩固提高"普九"成果，努力提高人口素质。

为解决部分学生失学问题，1999 年 5 月，省教委印发《关于下达 1999年度义务教育有关目标任务的通知》，针对小学毕业生升学率、初中适龄入学率、初中辍学率、盲童入学人数等义务教育指标进行目标管理，以进一步巩固"普九"成果，提高"普九"质量。针对初中适龄人口入学高峰问题，各地市按照省里统一要求把解决初中入学问题层层分解落实到县、乡直至每所学校，保证适龄学生按时入学。省教委还印发了《关于认真做好1999 年和 2000 年残疾儿童少年义务教育发展规划的通知》，对 1999 年和2000 年残疾儿童少年义务教育提出了具体的要求，并要求各地遵照执行。

改善初中办学条件，缓解入学矛盾，减轻就学压力，是提高"普九"质量的重要举措。从 1999 年开始，全省城市市区实施薄弱初中更新改造工程，计划用三年时间对全省 120 所（约占城市初中总数的 20%）左右城市薄弱初中进行改造，力争达到学校布局合理化、办学条件标准化、教育管理规范化、办学特色多样化，提高基础教育的整体办学水平和教育质量。当年，全省有 43 所城市薄弱初中得到更新改造，这些学校在师资队伍建设、办学条件、学校管理、教育教学改革等方面都得到了加强和提高。

抓好义务教育阶段特别是初中招生制度改革，实行小学毕业生免试划片就近入学，是巩固"普九"成果的又一重要举措。1995 年 7 月，省政府批转省教委《关于义务教育阶段学生就近入学的报告》，要求从当年起，全省在普及初中教育的地方特别是城市市区，推行小学毕业生免试就近入学制度，旨在加强城市薄弱初中建设，取消择校生，提高"普九"质量。以该报告为指导，以省会郑州为突破口，积极协调，大胆工作，使这项难度很大的工作在郑州全面到位并向全省各地辐射，义务教育得以顺利推进。

经过全省上下的共同努力，在"八五"积极推进的基础上，河南省"普九"工作在"九五"期间势头良好：小学、初中教育规模继续扩大，学校布局逐步趋于合理，义务教育阶段重要指标特别是初中适龄人口入学率有较大幅度增长。截至 2000 年底，全省小学适龄儿童入学率由"八五"末的 99.2% 提高到 99.8%，毕业率达到 98.8%；初中适龄人口入学率由83.3% 提高到 98.1%，都略高于全国平均水平。全省通过"普九"验收的县（市、区）由"八五"末的 44 个增加到 154 个，占全省 158 个县（市、区）总数的比例由 28% 提高到 97%；"普九"地区人口覆盖率由 13% 提高到93%，提前一年实现了省委省政府提出的"普九"目标任务。同时，全省各地在"普九"和深化学校内部改革中创造出了不少好的经验，如原阳县的"双聘双包"（民主选聘中小学校长、定编聘任中小学教师；办学单位包办学条件、学校包教育质量）经验，洛阳市五中改革内部管理体制的经验，新乡市、巩义市筹措教育资金的经验，商丘地区抓义务教育示范乡建设的经验，信阳地区建立"扶助贫困儿童就学基金"的经验等，这些经验和做法从各个方面进行了有益的尝试，为"普九"工作增添了活力。

二 实施素质教育，全面提高教育质量

大力推进素质教育，提高教育质量，是全面贯彻教育方针，培养全面发展的跨世纪人才，迎接21世纪挑战的基础工程，也是基础教育领域里的一场深刻变革。《中国教育改革和发展纲要》明确提出，要使基础教育由应试教育转到全面提高学生素质的轨道上来。1999年，党中央、国务院高瞻远瞩，站在迎接21世纪知识经济挑战，实现中华民族伟大复兴的战略高度，召开了改革开放以后第三次全国教育工作会议，作出了《关于深化教育改革全面推进素质教育的决定》（以下简称《决定》）。河南省认真贯彻落实《中国教育改革和发展纲要》和《决定》及国家教委《关于当前积极推进中小学实施素质教育的若干意见》，不断深化教育改革，全面推进素质教育，在"九五"期间取得了较好的成效。

（一）积极部署，明确要求

为贯彻《决定》和全国教育工作会议精神，动员全省广大党员干部群众，进一步实施科教兴豫战略，全面推进素质教育，深化教育改革，加快教育发展，1999年10月，中共河南省委、河南省人民政府召开了全省教育工作会议，发布了《关于贯彻〈中共中央、国务院关于深化教育改革全面推进素质教育的决定〉的实施意见》，强调进一步提高认识，把思想统一到中央《决定》精神上来；通过制定一系列具体的措施，努力开创素质教育的新局面。省教委专门召开全省中小学素质教育经验交流会，以推进素质教育的深入开展。

（二）加强教学管理，促进学生全面发展

为全面推进素质教育，全省各地除重点抓升学考试制度改革外，还注重改革考试和评价方法，以优化教育教学过程，切实减轻中小学生过重的

课业、经济和心理负担，为实施素质教育创造良好的条件。

首先，探索建立符合素质教育要求的对各级政府、教育部门、中小学校、教师和学生的考核评价体系，逐步改革百分制，取消分数排队，注重学生特长的发挥；对现行课程、教材、教学大纲进行改革，严格按照国家课程计划要求，开齐开足各门课程，特别是"小三门"的音乐、体育和美术课，不允许只围绕招生考试科目开设课程；认真组织好"两操一活动"，保证课外活动有 50% 的时间用于体育活动，原则上每个学生每天有一个小时的体育活动时间；改革教学方法，反对注入式、填鸭式、满堂灌的教学，向课堂 45 分钟要质量，要效益。

根据国家教委《关于推进素质教育调整教学内容、加强教学过程管理的意见》和《关于调整现行普通高中数学、物理学科教学内容和教学要求的意见》精神，1998 年 3 月，河南省教委制定了《关于推进素质教育调整中小学教学内容、加强教学管理的实施方案》，组织中小学语文、数学等 13 个学科的 30 余名教研员，分赴全省 18 个市、地 120 个县区的近千所中小学，就各学科的教学内容和教学要求进行调研。经周密论证，确定了各学科的调整方案。同年 7 月，省教委制发了《关于调整中小学部分学科教学内容与教学要求的意见》，明确了调整的原则、说明及实施要求，在全省中小学实施。从 1999 年开始，小学初中毕业考试、高中毕业会考和普通高校招生的命题均依调整后的教学内容和教学要求组织实施。教学内容的调整既减轻了学生的学习负担，也提高了学科教学的科学性，解决了实施素质教育中的核心问题。

其次，加强教学用书管理，切实减轻学生过重的课业负担。一个时期以来，社会上有关部门、单位和个人为利益所驱动，视中小学教学与学生用书为"唐僧肉"，谁都千方百计想"吃一口"，在加重学生书包的同时，造成了学生过重的课业负担。虽经大力治理，此类现象仍时有反复，成为推进素质教育的一大障碍。针对这种情况，省教育行政部门做出明确规定：国家规定列入目录的中小学教学用书，由省教委审批。用书目录以外的图书、资料、音像制品等，凡需组织中小学征订的，须经省教委主任常务会议研究决定，加盖用书专用章。按教育部的要求，各种专题教育，如人口教育、青春期教育、国防教育、环境教育、减灾教育、消防教育、交通安全教育、禁毒教育等，原则上不再编写学生用书。市、地、县教育部门编写的各种用书，包括地方教材和乡土教材以及非当地教育部门编写需进入中小学的教学用书，也一律由省教委审批。另外，课后和寒暑假作业内容要精选，难度要适度，数量要适当，保证学生作业负担适量。

各地教育部门和中小学还结合开展教育思想和教育观念大讨论，从自身入手，正确处理"减负"与提高教育质量的关系、与考试的关系、与培养学生顽强意志和刻苦学习精神的关系。素质教育在各地开展得有声有色，涌现一批素质教育的好典型，如濮阳实验小学的音乐教育和子路小学的书法教育，许昌实验小学的语文教育，安阳人民大道小学的主体性实验教学等，都不仅在本省，而且在全国也有影响。

（三）加强薄弱学校建设

结合普及九年义务教育，按照实施素质教育的要求，实施"薄弱学校更新改造工程"。"九五"期间，全省用于薄弱学校更新改造工程的资金达6000多万元，使不少城市薄弱初中的校长培训与配备、师资队伍建设、教学仪器设备和校舍建设等方面都有很大改善，为全面实施素质教育创造了条件。郑州市把原来条件较差的大部分厂矿子弟中学纳入教育部门统一管理并进行重新组合，教师工资由市财政部门统一解决，使广大教师解除了后顾之忧，一心投入教育教学工作中去；学校的办学条件也得到相应改善，使这些学校激发出了新的活力。同时，对薄弱学校建设实行了"五个优先"：优先配好领导班子、优先配齐各科教师、优先安排基本建设、优先解决教师住房、优先解决教师职称，加上小学升初中实行免试、划片、相对就近入学的办法，薄弱初中的教学基本建设得到加强，师资水平和生源素质得以改善，从而极大地调动了这些学校的办学积极性，使一批普通中学走出低谷，摘掉"薄弱学校"的帽子，跨入全市先进学校的行列，从而优化了教育资源，为社会提供了更多的高质量教育，基本满足了社会的就学需求。

（四）改革加强中小学德育工作，提高德育的实效性

为适应深化改革、扩大开放和加快社会主义现代化建设步伐新形势的

要求，进一步加强和改进学校德育工作，中共中央于 1994 年发布《关于进一步加强和改进学校德育工作的若干意见》，提出以邓小平建设有中国特色社会主义理论作为学校马克思主义理论教育的中心内容，深入持久地进行爱国主义、集体主义和社会主义思想教育，对学校德育工作进行了总体部署。根据河南本省实际，中共河南省委于 1995 年 9 月 21 日发布了《关于认真贯彻〈中共中央关于进一步加强和改进学校德育工作的若干意见〉的实施意见》。该意见指出："目前，我省在校的大中小学生有 1000 多万人，占全省总人口的 1/6，他们是 21 世纪社会主义现代化建设的生力军。从根本上讲，他们的政治思想素质、科学文化素质和精神风貌如何，直接关系到我省改革开放和社会主义建设事业的发展。"因而强调进一步提高认识，明确新时期学校德育工作的任务和目标；调整充实德育内容，积极拓宽德育渠道，建设一支专兼结合、功能互补、业务精湛的德育队伍；通力合作、齐抓共管，创造良好的育人环境；建立健全德育工作保障机制；加强评估、督导，促进德育各项任务的落实，把学生培养成为有理想、有道德、有文化、有纪律的社会主义新人。以此文件为指导，各级各类学校切实加强了德育工作，使德育的实效性有了明显提高。

三　进入新时代的河南基础教育

党的十九大从新时代坚持和发展中国特色社会主义的战略高度，做出了优先发展教育事业、加快教育现代化、建设教育强国的重大部署。2018 年 9 月，党中央召开了全国教育大会，习近平总书记发表了重要讲话，对新时代教育工作进行了全面系统深入的阐述和部署，为加快推进教育现代化、建设教育强国指明了方向、提供了遵循。李克强总理对新时代教育事业改革发展做出了具体安排。2019 年 2 月，党中央、国务院印发了《中国教育现代化 2035》，中共中央办公厅、国务院办公厅印发了《加快推进教育现代化实施方案（2018~2022 年）》。

党的十八大以来，在以习近平同志为核心的党中央坚强领导下，河南省委省政府坚定实施科教兴豫、人才强省战略，坚持教育优先发展，围绕补短板、强弱项、提质量、促改革，出台了一系列政策，采取了一系列措施，全省教育事业取得了长足进步，人民群众获得感明显增强。

一是教育普及程度全面提高，九年义务教育巩固率达到 94.62%，提高 3.42 个百分点，高中阶段毛入学率达到 91.23%，提高 1.23 个百分点，均高于全国平均水平。城镇大班额和超大班额得到遏制，全省小学、初中大班额比例比 2012 年分别减少 11.36 个和 30.67 个百分点，普通高中大班额和超大班额比例分别减少 13.23 个和 18.70 个百分点。

二是教育公平普惠明显加快。农村学校"全面改薄"和义务教育标准化建设持续加快，累计投入"全面改薄"资金 311.43 亿元，惠及中小学生 643.09 万名，农村中小学办学条件加快改善，134 个县（市、区）通过国家义务教育基本均衡县验收。农村留守儿童教育管理进一步加强，进城务工人员随迁子女入学率达 99%。农村义务教育学生营养改善计划覆盖 38 个国家级贫困县和 2 个省级地方试点县（市），受益学生 310.7 万人。累计落实各类学生资助资金 605.79 亿元，资助家庭经济困难学生 6321.55 万人次，资助学生数量居全国第一位。

2019 年，河南省制定了《关于全面深化新时代教师队伍建设改革的实施意见》《河南教育现代化 2035》《加快推进河南教育现代化实施方案（2018~2022 年）》。初步设想，到 2022 年，推进教育现代化、建设教育强省取得重要进展，全面实现各级各类教育普及目标，多样化、可选择的优质教育资源更加丰富，社会关注的"入园难""择校热""大班额"和高水平大学少等教育热点难点问题得到有效缓解，现代教育制度体系初步构建，教育总体实力和影响力大幅提升，教育服务经济社会发展的能力显著提高，中原更加出彩，因教育而更有底气；到 2035 年，总体实现教育现代化，迈入教育强省行列，人民群众从教育中收获更多的幸福感。

当前，河南教育事业进入了加快推进现代化的新时代。但是，河南的基础教育发展还有许多令人不满意的操心事、烦心事、揪心事。从学生方面看，素质教育推行多年但效果不尽如人意，教育功利化让学生不堪重负，愈演愈烈的校外补课，更是加重了学生负担。有数据表明，中小学生日均写作业时长近 3 个小时，超全球平均水平近 3 倍；八成小学生、九成中学生晚上 10 点之后才能睡觉。从教师方面看，期望最多的是职称晋升更容易一点，薪酬待遇更好一点，尊师重教的氛围更浓一些。从社会关注度看，凡是与教育有关的话题，就很容易触动人们的神经，成为社会关注的热点。

办教育的目的是实现人的全面发展，人民满意不满意是衡量教育成败的试金石。河南坚持以人民为中心的发展思想，送出更多教育"红包"，答好人民"关切题"，以教育公平促进社会公平，让教育发展多一些温度、多一些质感，让每个人都能享有公平而有质量的教育，享有人生出彩的机会。

在城镇化快速推进的农业大省办教育，一方面，随着农民大量进城务工，城镇中小学建设滞后于城镇化快速发展的需要，而农村一些学校生源减少，教育资源空间布局面临深度调整；另一方面，脱贫攻坚、乡村振兴的任务艰巨，必须更加重视 5000 万农民的子女上学问题、60 多万农村留守儿童的教育问题，推动教育均衡发展面临着更为紧迫的任务。河南是在受传统观念影响较深的内陆大省办教育，教育体制机制不活，开放办学水平不高，深化教育改革开放的任务尤为繁重。可以说，过去我们是穷省办大教育，在上一轮以做大规模、加快普及为主要特征的教育发展阶段，河南该做的事情还没有做到位，留下了许多短板；现在要实现大省办强教育，既要加快补齐短板，又要跟上现代化的步伐，必须推动教育发展路径在做大规模的同时向提高质量转变，发展重点在加快普及的同时向公平优质转变，发展方式在要素拉动的同时向制度驱动转变。

第一，加快构建德智体美劳全面培养的教育体系。

现在教育疏于德、弱于体、少于美、缺于劳的问题较为普遍，一些学生对时代责任和历史使命认识不够，有的"分数满满、信仰空空"；一些学生以自我为中心，感恩意识、宽容心态不足；中小学生体质多项指标不达标，"小胖墩""小眼镜"十分普遍。河南严格落实习近平总书记提出的"六个下功夫"要求，抓好德育，培养学生坚定的理想信念、深厚的爱国主义情怀、高尚的道德情操；抓好智育，培养学生的创新精神和创造意识；抓好体育，引导学生养成锻炼习惯；抓好美育，教育学生提高人文素养和审美修养；抓好劳动教育，引导学生崇尚劳动、尊重劳动。

特别是要把德育摆在首要位置，注重以下三个方面。一是坚持抓早抓小，帮助学生扣好人生第一粒扣子。让孩子们从小就接受中华优秀传统文化的浸润，接受社会主义核心价值观的滋养，让爱党、爱国、爱社会主义的意识和情感在幼小心灵中扎根。从做好小事、管好小节起步，强化基本礼仪、基本规则等教育，引导学生踏踏实实修好品德，成为有大爱大德大情怀的人。二是注重实践养成，引导学生在知行合一中提升素质。实践是最好的老师。以体验教育为基本途径，通过主题班会、日常志愿服务、寒暑期社会实践等，精心开展吸引力强的实践活动，让学生认识国情、了解社会、经受锻炼。组织学生到红色革命教育基地接受熏陶，到艰苦地区体验生活，在实践中磨炼他们的意志品质。三是突出齐抓共管，形成家庭、学校、社会紧密衔接的完整育人链条。家庭是人生的第一所学校，家长是孩子的第一任老师，家庭教育对孩子来说是潜移默化、深入骨髓的。倡树良好家教家风，从日常生活的一言一行、一点一滴，教给孩子做人做事的道理。发挥学校主渠道作用，把道德培养同知识传授、习惯养成结合起来；深化家校合作，帮助和引导家长树立正确的家庭教育观念，掌握科学的家庭教育方法。社会风气的好坏直接影响学生价值观的形成，加强社会主义精神文明建设，加强文化市场监管，弘扬真善美、传递正能量，为学生成长提供良好社会环境。

第二，切实加强中小学校思想政治工作。

思想政治工作是学校工作的生命线，中小学校要理直气壮地把这项工作做好。一是抓好学习贯彻习近平新时代中国特色社会主义思想这个首要任务。对中小学生，通过讲故事、讲历史等方式，进行有温度的启发性教育，让孩子们感受习近平总书记的人格魅力，了解党和国家事业的发展成就，增强情感认同。二是用好思政课这个主渠道。这些年，河南思政教育有很大改观，一些学校在思政课上进行了有益探索。但总体看，思政课仍存在形式化、表面化的问题，有些学生反映，讲得有意思、让人能听进去的老师太少了，大多还是照本宣科、放放课件、喊喊口号。深入落实习近平总书记提出的"八个相统一"要求，坚持"内容为王"，推动思政课创新，让有信仰的人讲信仰，深挖理论"源头"，引入实践"活水"，不断增强思政课的思想性、理论性和亲和力、针对性，真正让学生深刻认识中国共产党为什么能、马克思主义为什么行、中国特色社会主义为什么好。2019年是五四运动100周年，教育系统认真落实习近平总书记重要讲话精神，深入研究五四运动的历史意义、时代价值，把研究成果运用到思政课中，加强对广大青年的政治引领。加强课程思政建设，把社会主义核心价值观的要求、把伟大复兴的梦想和责任融入各类课程教学之中，使各类课程与思政课同向而行，形成协同效应。三是占领网络这个主战场。当前几乎无人不网、无日不网、无处不网。从一定意义上说，谁赢得了互联网，谁就赢得了青少年。推动思想政治工作联网上线，组织策划一批短小精致的思政节目，在微信、微博、抖音等平台广泛传播，以讲故事的形式、可视化的表达、差异化的传播、互动式的交流，提升思政教育的传播率、时代感和吸引力。

第三，补齐基本公共教育服务均等化这一突出短板。

通过完善基本公共教育资源均衡配置机制，有效保障每个人平等接受教育的权利，让教育改革发展成果更多、更公平地惠及人民群众。重点在四个方面发力。一是缩小区域差距。关键是解决贫困地区与非贫困地区的教育差距。习近平总书记在重庆考察脱贫攻坚工作时特别强调，"两不愁三保障"很重要的一条就是义务教育要有保障，再苦不能苦孩子，再穷不能穷教育。打响脱贫攻坚战以来，河南贫困地区办学条件明显改善，但师资配备、生均经费、校舍条件等方面仍有不小差距。深入推进教育精准扶贫，完善精准资助体系，加大教育投入和师资培养培训力度，让贫困地区的孩子站在更公平的起跑线上。二是缩小城乡差距。针对农村地区办学资源分散、条件差、水平不高等问题，要统筹整合农村教育资源，科学布局农村学校，办好寄宿制学校，保留并办好必要的乡村小规模学校，防止学生因就学不便而失学辍学。利用信息技术共享优质资源等方式，推进城乡一体化办学，提高农村学校教学质量。三是缩小校际差距。当前，城镇优质教育资源分布不均，学校间办学质量差距较大，导致"择校热"难以降温。一些普通高中"大班额"现象还很严重，一个班动辄七八十人，满足不了高考综合改革对走班教学的要求。破解这些难题，就要加快推动学校标准化建设，把教育资源多向薄弱学校倾斜，既着力增加优质学位供给，又加快填平教育"洼地"。同时，要创新教学管理模式，试行学区化管理，推行集团化办学、强校带弱校、学校联盟等形式，打破壁垒分割，让优质教育资源流动起来、共享起来。四是缩小群体差距。很多农民千辛万苦外出打拼，就是想给孩子一个更好的明天。他们用汗水浇灌出城市的繁华和美丽，他们的孩子理应被善待，理应接受更好的教育。对农民工随迁子女，要坚持以流入地政府管理为主、以全日制公办中小学为主，完善义务教育入学政策，确保入学待遇同城化。河南农村留守儿童多，这不仅是教育问题，也是社会问题。织密关爱保护网，多关注留守儿童的精神世界，给予他们更多呵护和更多温暖。

第四，夯实义务教育根基，促进优质教育均衡发展。

义务教育是基本公共服务，是政府必须保障的公益性事业。近年来，全省义务教育的普及率、巩固率逐步提高，河南用有限的财力保障了1400多万的义务教育在校学生。但是城乡不协调、区域不均衡、质量不满意的问题仍比较突出，尤其是"城镇挤、乡村弱"的问题迫切需要解决。一方面，越来越多的农村孩子进城上学，城镇学校容纳能力不足；另一方面，虽然有不少孩子留在农村上学，但师资却大量向城市流动，对于这种情况，河南通过优质均衡发展，解决好"上得了学、上得起学、上得好学"的问题。在推进"四个统一"即"统一城乡学校建设标准、统一城乡教师编制标准、统一生均公用经费基准定额、统一城乡基本装备配置标准"的基础上，开展"四大行动"。

一是建设提标行动。随着经济社会发展水平的提高，对义务教育学校办学条件有了更高要求，要结合实际需要，进一步提高学校办学条件标准，并按新的标准推进学校建设。

二是改薄提速行动。经过近年来持续推进"全面改薄"，乡村学校办学条件薄弱状况得到了很大改善，但是也要看到，以往"改薄"的标准还不高，与城镇学校相比，乡村学校办学条件差距还不小。要结合新的建设标准，对乡村学校教学设备、实验仪器、信息化教学条件等硬件设施继续开展改造提质，同时还要促进师资力量、教学管理等软件提升，探索采取委托管理、强校带弱校、学校联盟等方式，发挥城镇优质学校的示范带动作用，不断缩小城乡学校差距。

三是教学提质行动。教学质量是教育的生命线。要把素质教育和应试教育统一起来，素质教育不讲成绩，应试教育不讲质量，这些观念都是错误的。要完善教学质量管理责任制，把提升质量落实到教学管理的各个环节，真正成为校长的主责、教师的主业、学校的主职。

四是控辍提"率"行动。这是提升义务教育巩固率的重点所在。辍学问题主要集中在农村，目前全省有1万多名学生疑似辍学，各级党委、政府要和学校、社会、家庭一起，完善控辍保学机制，共同把这个问题解决好。加强寄宿制学校建设，完善困难家庭学生资助办法，支持发展特殊教育。对农村小规模学校和教学点要分类施策，不能简单一并了之、一撤了之，该保留的要保留，并且要办好，使孩子能就近上学。河南还有 60 多万名留守儿童，这些孩子大多由年过半百、文化较低的爷爷奶奶、姥爷姥姥照看，一些孩子不同程度地存在亲情失陪、心理失落、行为失范、学习失教、成长失序等问题，有的孩子成绩不好逃学厌学，同时由于父母不能有效监护，他们的安全问题也令人担忧，这些都需要引起高度重视。

教育现代化是教育高水平的发展状态，意味着教育发展理念、发展方式、体系制度等全方位的转变。从 20 世纪 80 年代邓小平同志发出"教育要面向现代化，面向世界，面向未来"的号召，到 1993 年《中国教育改革和发展纲要》提出实现教育现代化的目标任务，再到以习近平同志为核心的党中央开启教育现代化新征程，我们党对教育现代化的探索从未停步。哪一项事业像教育这样影响甚至决定着接班人问题，影响甚至决定着国家长治久安，影响甚至决定着民族复兴和国家崛起？河南要聚焦全面建设社会主义现代化，深刻把握新时代的形势要求，下好教育优先发展这步重要的先手棋，坚定不移推进教育现代化、建设教育强省。

第二章　数据看河南基础教育发展

第一节　简述

新中国成立 70 年来，河南的基础教育在全省经济社会发展的大背景下，经历了全面恢复、快速发展、动乱探索、调整回归、规模增长、健康发展的过程。1949 年全省人口 4174 万人，普通高中在校生只有 0.39 万人，普通初中在校生 3.70 万人，普通小学在校生 161.45 万人。三个层级的在校生数在每万人口中的人数分别为：高中 0.94 人，初中 8.92 人，小学 389.32 人。

到 2018~2019 学年，全省普通高中在校生达到 210.06 万人，普通初中在校生 451.88 万人，普通小学在校生 994.60 万人。《2018 年河南省国民经济和社会发展统计公报》显示，当年全省常住人口 9605 万人。据此推算，2018~2019 学年，全省每万名常住人口中，普通高中在校生为 218.70 人，是 1949 年的 232.66 倍；普通初中在校生为 470.46 人，是 1949 年的 52.74 倍；普通小学为 1035.50 人，是 1949 年的 2.66 倍。如果算在校生的绝对数，2018~2019 学年全省高中在校生数是 1949 年的 538.62 倍，初中在校生数是 1949 年的 122.13 倍，小学在校生数是 1949 年的 6.16 倍。

我们这里计算的，是基础教育阶段的普通中小学。新中国成立以后，特别是改革开放以后，职业中专、高中、技工学校和职业初中等类别的中小学教育出现了快速发展的局面。这些教育的数据，这里都未统计在内。

在一个经济并不发达的内陆人口大省，河南的基础教育在前期天灾人祸、政治风云变幻、经济形势波动的大背景下，乘着改革开放的东风，实现了快速发展。

本章主要简述新中国成立 70 年来河南基础教育阶段的普通高中、普通初中和小学教育的规模发展情况，重点关注这三个层次教育的学校数、招生数和在校生数。

一　1949~1987 年发展概况

新中国成立之初，河南的基础教育底子十分薄弱，在高中、初中、小学三个阶段，最薄弱的是普通高中教育。正因为如此，在后来的 70 年中，发展成就最大的也是普通高中教育。

从 1949 年到 1956 年，是全省基础教育的全面恢复阶段。1956 年到 1965 年，普通教育的各个方面都进入了快速健康发展时期。1966 年到 1978 年，国家政治形势的动乱打破了正常的教学秩序，教育脱轨发展，一方面是不顾教育规律盲目"破立"，一方面是规模的迅速膨胀。十多年中，高中下到公社，初中下到大队，小学办到生产队。基础教育三个层级的学校数和在校生数都有了大幅度的扩张。改革开放后教育回归理性，经过调整整顿，教育逐步进入了良性发展时期（参见表 2-1）。

表 2-1　1949~1986 年河南普通中小学发展情况

年份	层次	学校数（所）	在校生（万人）	教职工（人）	专任教师（人）
1949	高中	111	0.39	313	195
	初中		3.70	2972	1846
	小学	18709	161.45	45844	36919
1956	高中	152	4.57		1848
	初中	309	26.81		9250
	小学	28428	489.09	135448	132372
1965	高中	173	6.32	4419	3053
	初中	1137	39.78	27838	19223
	小学	41887	820.59	317405	

续表

年份	层次	学校数（所）	在校生（万人）	教职工（人）	专任教师（人）
1978	高中	3705	116.38	57907	49833
	初中	22881	405.24	283125	243608
	小学	48772	1140.26	443851	428752
1986	高中	1058	54.66	52303	35417
	初中	8672	312.30	232550	193881
	小学	45250	1015.67	468558	436185

资料来源：根据《中国教育统计年鉴》《河南教育统计年鉴》《河南省教育统计提要》以及河南省档案馆 1949~2019 年馆藏教育相关档案整理而成。

1987~1988 学年，全省普通高中、初中、小学教育的各项指标与上一个学年变化不大，比较鲜明的特征是教师队伍的配备比较充裕。教师的充裕得益于民办教师队伍。资料表明，1978 年全省中小学中民办教师的比重为 72.1%，其中中学 56.7%，小学 84%；1988 年全省中小学民办教师的比重为 51.8%，其中中学 25.9%，小学 68.8%。根据这个比例推算，1988 年，全省有中学民办教师 61360 人，小学民办教师 299438 人。这样的队伍，使得基础教育在规模扩张的同时保持了合理的生师比（参见表 2-2）。

表 2-2　1987~1988 学年全省普通中小学基本情况

层次	学校数（所）	毕业生数（人）	招生数（人）	在校生数（人）	教职工数（人）	专任教师数（人）	生师比
高中	1027	177800	178400	544100	54655	37268	14.60:1
初中	8605	794600	1061900	3191000	239525	199644	15.98:1
小学	44865	1728200	1840600	9977500	470559	435229	22.92:1

资料来源：根据《中国教育统计年鉴》《河南教育统计年鉴》《河南省教育统计提要》以及河南省档案馆 1949~2019 年馆藏教育相关档案整理而成。

从 1949 年到 1987 年，全省中学校数由 111 所增长到 9632 所，增加了 9521 所，1987 年是 1949 年的 86.77 倍；普通高中在校生数由 0.39 万人增长到 54.41 万人，增长了 54.02 万人，1987 年是 1949 年的 139.51 倍；普通

初中在校生数由 3.70 万人增长到 319.10 万人，增加了 315.40 万人，1987
年是 1949 年的 86.24 倍。全省普通小学由 1.87 万所增长到 4.49 万所，增
加了 2.62 万所，是 1949 年的 2.40 倍；普通小学在校生由 161.45 万人增长
到 997.75 万人，增加了 836.30 万人，是 1949 年的 6.18 倍。几倍、几十
倍、几百倍的增长，反映了近 40 年间河南普通教育规模扩张的状况。

二 1949~2019 年发展概况

从 1949 年到 2018~2019 学年 70 年间，河南普通中学校数由 111 所增长
到 5371 所，增加了 5260 所，2019 年是 1949 年的 48.39 倍；普通高中在校
生数由 0.39 万人增长到 210.06 万人，增加了 209.67 人，是 1949 年的
538.62 倍；普通初中在校生数由 3.70 万人增长到 451.88 万人，增加了
448.18 万人，是 1949 年的 122.13 倍。普通小学由 1.87 万所下降到 1.86 万
所，学校数有所减少，但在校生数却呈现爆发式的增长，由 161.45 万人增长
到 994.60 万人，增加了 833.15 万人，是 1949 年的 6.16 倍（参见表 2-3）。

表 2-3　2018~2019 学年河南基础教育基本情况

层次	学校数（所）	毕业生数（人）	招生数（人）	在校生数（人）	教职工数（人）	专任教师数（人）	生师比
高中	852	66.08	72.65	210.06	17.44	15.33	13.70∶1
初中	4519	133.63	159.86	451.88	37.14	33.90	13.33∶1
小学	18600	160.70	173.56	994.60	52.93	50.02	19.88∶1

资料来源：根据《中国教育统计年鉴》《河南教育统计年鉴》《河南省教育统计提要》以及河
南省档案馆 1949~2019 年馆藏教育相关档案整理而成。

三 1988~1989 学年至 2018~2019 学年发展简况

从 1988~1989 学年至 2018~2019 学年 30 年间，河南的基础教育在学校
数不断减少的情况下实现了在校生规模的实质性扩张。

从 1988~1989 学年至 2018~2019 学年，全省普通教育阶段的学校数呈
逐年减少的趋势。普通高中学校数从 1003 所减少至 852 所，30 年间减少了

151 所；普通初中学校数从 8403 所减少至 4519 所，减少了 3884 所；小学校数从 44379 所减少至 18600 所，减少了 25779 所。学校数减少最多的是小学，减少了 58.09%。而同期全省小学在校生数却减幅不大（见表 2-4）。其实减少的大都是乡镇及村组的学校。这样发展的直接后果，是基本上撤销了所有的村组小学，增加了城镇小学大班额，基本上使小学教育丢弃了"因材施教"的原则。

表 2-4 1988~1989 学年至 2018~2019 学年河南普通教育基本情况

学年	层次	学校数（所）	毕业生（万人）	招生（万人）	在校生（万人）	教职工（万人）	专任教师（万人）	生师比	万人比
1988~1989	高中	1003	18.03	17.09	52.51	5.52	3.79	13.85：1	63.14
	初中	8403	81.40	104.72	310.13	24.31	20.22	15.34：1	372.89
	小学	44379	167.45	181.53	980.05	47.33	43.79	22.38：1	1179.09
1993~1994	高中	719	14.45	14.86	43.52	5.19	3.62	12.0：1	49.4
	初中	5925	87.89	115.42	319.44	23.49	19.98	16.0：1	362.5
	小学	42071	163.26	190.31	951.50	41.04	38.19	24.9：1	1079.9
2001~2002	高中	819	19.84	37.63	94.73	6.93	5.13	18.48：1	99.84
	初中	5565	156.61	209.33	588.65	31.56	27.77	21.20：1	620.42
	小学	39825	220.41	163.32	1070.73	50.35	47.56	22.52：1	1128.51
2006~2007	高中	955	57.36	67.75	201.58	43.41	9.19	21.93：1	206.37
	初中	5090	187.88	166.10	540.64		28.45	19.00：1	553.48
	小学	31410	166.71	176.86	997.09	50.50	47.82	20.85：1	1020.77
2015~2016	高中	770	61.05	67.96	194.31	15.07	11.40	17.04：1	206
	初中	4565	123.62	138.23	434.81	33.15	28.59	15.21：1	429
	小学	24673	140.55	169.30	957.05	50.20	50.09	19.11：1	993
2018~2019	高中	852	66.08	72.65	210.06	17.44	15.33	13.70：1	218.70
	初中	4519	133.63	159.86	451.88	37.14	33.90	13.33：1	470.46
	小学	18600	160.70	173.56	994.60	52.93	50.02	19.88：1	1035.50

注："万人比"指的是该学段在校生数在全省每万人中口的占比的平均数据。

资料来源：根据《中国教育统计年鉴》《河南教育统计年鉴》《河南省教育统计提要》以及河南省档案馆 1949~2019 年馆藏教育相关档案整理而成。

与学校数连年减少相反，全省普通中学教育阶段的招生数、在校生数和在全省每万人口中的占比都是增加的趋势。全省普通高中招生数由 1988～1989 学年的 17.09 万人增长到 2018～2019 学年的 72.65 万人，增加了 55.56 万人，是原来的 4.25 倍；普通高中在校生数由 52.51 万人增长到 210.06 万人，是原来的 4 倍；普通高中在校生数在全省每万人口中的占比，由 63.14 增长到 218.70，是原来的 3.46 倍。普通初中招生数由 104.72 万人增长到 159.86 万人，增加了 55.14 万人；普通初中在校生数由 310.13 万人增长到 451.88 万人，增加了 141.75 万人；普通初中在校生数在全省每万人口中的占比，由 372.89 增长到 470.46，增长了 97.57。普通小学招生数由 1988～1989 学年的 181.53 万人增长到 1993～1994 学年的 190.31 万人，然后回落到 2001～2002 学年的 163.32 万人，之后又逐渐回升至 2018～2019 学年的 173.56 万人，这个数据比 30 年前减少了 7.97 万人；小学在校生数也随着招生规模的增减出现了周期性的变化，30 年间全省小学在校生规模最大的是 1998～1999 学年，总数达到 1200.06 万人，之后直到 2004～2005 学年，全省小学在校生规模都在 1000 万人以上，到 2005～2006 学年开始回落，但依然在 950 万～990 万人徘徊，在每万人口中的占比也保持在 1000 人左右。

近 30 年来，河南省基础教育发展的情况大致可以分为 6 个时期。

1. 1988～1989 学年：规模全面缩减

1988～1989 学年与上一学年相比，全省普通教育的规模都出现了缩减的情况。在学校数量方面，全省普通高中学校数减少了 24 所，普通初中减少了 202 所，小学校数减少了 486 所；从招生情况看，全省普通高中招生数减少了 0.75 万人，普通初中招生数减少了 1.47 万人，小学招生数减少了 2.53 万；普通教育各层次在校生人数也有不同数量的减少，普通高中减少了 1.90 万人，普通初中减少了 8.97 万人，小学减少了 17.70 万人。

2. 跨年代的 6 年：小学、初中招生数增加，高中全面缩减

1988～1989 学年到 1993～1994 学年 6 年间，全省基础教育各方面的数据除少数特殊情况外，都在减少。普通高中校数由 1003 所减少到 719 所，6 年间减少了 284 所，平均每年减少 47.33 所；普通高中招生数由 17.09 万人减少到 14.86 万人，减少了 2.23 万人；普通高中在校生数由 52.51 万人减少到 43.52 万人，减少了 8.99 万人，平均每年减少 1.50 万人。普通初中校

数由 8403 所减少到 5925 所，减少了 2478 所，平均每年减少 413 所；普通初中招生数由 104.72 万人增加到 115.42 万人，普通初中在校生数也由 310.13 万人增加到 319.44 万人。小学校数由 44379 所减少到 42071 所，减少了 2308 所，平均每年减少 384.67 所；小学招生数有小幅增加，由 181.53 万人增加到 190.31 万人；小学在校生数由 980.05 万人减少到 951.50 万人，减少了 28.55 万人，平均每年减少 4.76 万人。

学校数的减少，跟"合校并点""上镇进城"有关。小学学校数大面积地减少，从根本上改变了原有的教育格局。科学的"合校并点"能够有效地集中优质教育资源，在一定程度上推进教育的公平。但是不顾客观条件和教育规律的"一刀切"，也带来了一系列问题。这样的布局调整迎合了乡村学生家长的要求，实现了连小学生都在内的"上镇进城"。学校数的减少，使得城市学校特别是省会郑州的中小学规模迅速膨胀，大班额的现象一天比一天严重。

3. 规模持续增长时期

从 1993~1994 学年到 2001~2002 学年，河南的普通中小学教育实现了跨世纪发展，这样的发展呈现稳定的、持续的特点。9 年间，全省普通高中学校增加了 100 所，普通初中和小学校数依然逐步减少。普通初中学校数由 5925 所减少至 5565 所，减少了 360 所，平均每年减少 40 所；小学校数由 42071 所减少到 39825 所，减少了 2246 所，平均每年减少 250 所。与初中和小学校数连年减少的情况相反，全省普通高中、普通初中和小学的招生数和在校生数都在持续增长。普通高中招生数由 14.86 万人增长到 37.63 万人，增加了 22.77 人；平均每年增加 2.53 万人；在校生数由 43.52 万人增长到 94.73 万人，增加了 51.21 万人，平均每年增加 5.69 万人。普通初中招生数由 115.42 万人增长到 209.33 万人，增加了 93.91 万人，平均每年增加 10.43 万人；在校生数由 319.44 万人增长到 588.65 万人，增加了 269.21 万人，平均每年增加 29.91 万人。小学招生数出现了负增长，由 190.31 万人减少到 163.32 万人，降到了 1988~1989 学年以来的最低水平。小学在校生数在这一时期出现了先增长再降低又增长再降低的曲线，由 1993~1994 学年的 951.50 万人迅速增长到 1998~1999 学年的 1200.06 万人，6 年间增加了 248.56 万人，平均每年增加 41.43 万人，之后出现回落，至 2001~

2002 学年，全省小学在校生达到 1070.73 万人，虽然有所下降，但波动不大。小学教育在校生的减少，主要与同一周期的人口出生率有关。

4. 高中教育规模的迅速扩大与初中、小学教育在校生规模缩减时期

从 2001~2002 学年至 2006~2007 学年，全省普通中小学教育阶段呈现不同的发展趋势，一方面是普通高中教育全面扩张，一方面是普通初中教育和小学教育规模的持续减少。全省普通高中学校数由 819 所增长到 955 所，6 年间增加了 136 所，平均每年增加 22.67 所；普通高中招生数由 37.63 万人猛增到 67.75 万人，增加了 30.12 万人，平均每年增加 5.02 万人；在校生数由 94.73 万人激增到 201.58 万人，增加了 106.85 万人，平均每年增加 17.81 万人。普通初中学校数由 5565 所减少到 5090 所，6 年间减少了 475 所；招生数由 209.33 万人减少到 166.10 万人，减少了 43.23 万人，平均每年减少 7.21 万人；在校生数由 588.65 万人减少到 540.64 万人，减少了 48.01 万人，平均每年减少 8 万人。小学校数继续大幅减少，由 39825 所减少到 31410 所，减少了 8415 所，平均每年减少 1402.50 所；招生数由 163.32 万人增加到 176.86 万人，6 年间增加了 13.54 万人，平均每年增加 2.26 万人；在校生数由 1070.73 万人减少到 997.09 万人，减少了 73.64 万人，平均每年减少 12.27 万人。

5. 规模持续缩减时期

2006~2007 学年至 2015~2016 学年，10 年间河南普通中小学教育规模整体上呈缩减趋势。普通高中学校数由 955 所减少到 770 所，减少了 185 所，平均每年减少 18.5 所；普通初中学校数由 5090 所减少到 4565 所，减少了 525 所，平均每年减少 52.5 所；小学校数由 31410 所减少到 24673 所，减少了 6737 所，平均每年减少 673.7 所。普通高中招生数由 67.75 万人增加到 67.96 万人，基本保持平衡；普通初中招生数由 166.10 万人减少到 138.23 万人，减少了 27.87 万人；小学教育招生数由 176.86 万人减少到 169.30 万人，减少了 7.56 万人；普通高中在校生数由 201.58 万人减少到 194.31 万人，减少了 7.27 万人；普通初中在校生由 540.64 万人减少到 434.81 万人，减少了 105.83 万人，平均每年减少 10.58 万人；小学教育在校生数由 997.09 万人减少到 957.05 万人，减少了 40.04 万人。总的来看，这一时期除了普通初中在校生规模减小幅度较大外，其他各项指标基本上

都处在稳中有降态势。比起前几个时期大起大落的变化，河南的基础教育进入了平衡发展时期。

表 2-5 2006~2007 学年至 2015~2016 学年每万人口中基础教育平均在校学生数

单位：人

学年	普通高中	普通初中	小学
2006~2007	206	553	1021
2007~2008	217	517	1037
2008~2009	210	491	1050
2009~2010	203	478	1061
2010~2011	193	471	1074
2011~2012	182	448	1047
2012~2013	184	433	1029
2013~2014	179	363	887
2014~2015	201	424	987
2015~2016	206	429	993

资料来源：根据《中国教育统计年鉴》《河南教育统计年鉴》《河南省教育统计提要》以及河南省档案馆 1949~2019 年馆藏教育相关档案整理而成。

6. 招生与在校生规模持续增长时期

从 2015~2016 学年至 2018~2019 学年，全省基础教育阶段除初中和小学校数继续缩减外，其他指标都保持了稳定增长的态势。全省普通高中学校数增加 82 所；普通初中校数继续减少，但幅度不大；减幅最大的是小学校数，由 24673 所减至 18600 所，减少了 6073 所，平均每年减少 1518.25 所。与之相反的是，普通高中招生数增加了 4.69 万人，普通初中招生数增加了 21.63 万人，小学教育招生数增加了 4.26 万人；在校生数普通高中增加了 15.75 万人，普通初中增加了 17.07 万人，小学增加了 37.55 万人。这一时期增幅明显的是普通初中招生数和在校生数。这样的增长反映了推进九年义务教育的成果。

第二节 小学教育发展情况

新中国成立 70 年来，河南的小学教育经历了起伏发展到稳定发展的过程，在校生规模由 161.45 万人增长到 994.60 万人，其中一段时间突破了 1000 万人，最高时达到 1200.06 万人。

一 1949~1988 年：从曲折发展到形成规模

1949 年，河南省有小学 18709 所，在校生 161.45 万人，校均规模 86.30 人；教职工 45844 人，校均 2.45 人；专任教师 36919 人，生师比为 43.73：1。

在此基础上，新生的人民政府和获得解放的河南人民积极投身教育，在全民扫除文盲的同时，普通小学教育获得了大发展，到 1956 年，小学校数达到 28428 所，8 年间增加了 6119 所，平均每年增加 765 所；在校生发展到 489.09 万人，8 年间增加了 327.64 万人，平均每年增加 40.96 万人。这样的增长速度，反映了政府和社会迫切发展教育的心情。

从 1956 年到 1965 年 10 年间，小学教育依然乘风破浪，扬帆前行。学校数由 28428 所增长到 41887 所，增加了 13459 所，平均每年增加 1346 所；在校生数也由 489.09 万人增长到 820.59 万人，增加了 331.50 万人。

1978 年改革开放后，小学布局开始调整，到 1986 年，全省小学校数减少到 45250 所，比 9 年前减少了 3522 所；在校生数也由 1140.26 万人减少到 1015.67 万人，减少了 124.59 万人。

二 1988~1993 年：冷静发展，规模回落

这一时期全省的小学教育承接着 20 世纪 50 年代到 60 年代中期的恢复发展、60 年代中期到 70 年代中期的动乱、70 年代末到 80 年代中期的改革开放，在稳定发展、曲折发展、规模扩张的基础上，进入新一轮平稳发展时期。

这一时期总的特征是规模稳中有降。学校数由 44379 所减少到 42370 所，在校生数由 980.05 万人减少到 936.71 万人，下降幅度不大。生师比也

维持在 22：1 和 25：1 之间（见表 2-6）。小学毕业生升入初中段的比例，1989 年到 1993 年分别为 63.2%、66.5%、68.2%、68.4%、71.2%。

表 2-6　1988~1989 学年至 1992~1993 学年河南普通小学教育基本情况

学年	校数（所）	毕业生数（万人）	招生（万人）	在校生（万人）	教职工（万人）	专任教师（万人）	生师比
1988~1989	44379	167.45	181.53	980.05	47.33	43.79	22.38：1
1989~1990	43951	162.51	179.88	969.82	40.56	43.77	22.20：1
1990~1991	43286	162.60	172.46	961.15	47.71	44.34	21.70：1
1991~1992	42455	161.86	164.72	944.02	40.63	37.93	24.90：1
1992~1993	42370	162.39	169.53	936.71	40.33	37.55	24.90：1

　　资料来源：根据《中国教育统计年鉴》《河南教育统计年鉴》《河南省教育统计提要》以及河南省档案馆 1949~2019 年馆藏教育相关档案整理而成。

三　1993~2001 年：规模冲顶，起伏发展

20 世纪末到 21 世纪初的 8 年，河南的普通小学教育在校生数迅速增长。1998 年河南全省总人口 9315 万人，当年全省普通小学在校生达到 1200.06 万人，全省每万人口中就有 1288 名学生在普通小学就读。从整体上看，8 年间全省小学校数还在减少，但是落差不大，其中 1997~1998 学年和 1999~2000 学年还有小幅增加，但总的趋势是减少。招生数呈现逐步增加然后回落的曲线，在校生数也是一路高歌飙升到高峰后渐次减少（见表 2-7）。

表 2-7　1993~1994 学年至 2000~2001 学年河南普通小学教育基本情况

学年	校数（所）	毕业生数（万人）	招生（万人）	在校生（万人）	教职工（万人）	专任教师（万人）	生师比
1993~1994	42071	163.26	190.31	951.50	41.04	38.19	24.90：1
1994~1995	41899	166.48	220.01	991.06	41.79	38.87	23.70：1
1995~1996	41698	168.96	232.52	1039.56	42.30	39.23	24.60：1
1996~1997	41466	165.13	239.94	1105.58	43.12	40.02	27.60：1
1997~1998	41526	168.57	239.79	1169.96	44.15	41.12	28.50：1

续表

学年	校数 （所）	毕业生数 （万人）	招生 （万人）	在校生 （万人）	教职工 （万人）	专任教师 （万人）	生师比
1998～1999	41238	180.67	217.82	1200.06	45.69	42.55	28.20∶1
1999～2000	41404	205.01	193.65	1186.97	47.62	44.66	26.58∶1
2000～2001	41269	225.57	171.11	1130.63	48.95	45.93	24.60∶1

资料来源：根据《中国教育统计年鉴》《河南教育统计年鉴》《河南省教育统计提要》以及河南省档案馆1949～2019年馆藏教育相关档案整理而成。

从 1994 年到 1998 年，小学毕业生升入初中段的比例由 78.7% 增长到 85.6%，1996 年超过 90%，达到 91.1%，1997 年为 92.67%，到 1998 年达到 94.8%。小学教育基本普及。

从 1990～1991 学年至 1998～1999 学年，河南省小学教育学校数 9 年间基本排在全国第 5、第 4、第 3 的位次，招生数和在校生数连续 9 年位列全国第 1。

四　2001～2006 年：平稳发展时期

21 世纪初期，河南的小学教育呈现平稳发展的局面。

2004 年，全省共有普通小学 34164 所，比上年减少 2215 所；在校生 1014.06 万人，比上年减少 44.54 万人；小学学龄儿童入学率达 99.81%，其中女童入学率为 99.85%；小学辍学率为 0.40%，其中女童为 0.46%；小学毕业生升学率为 96.45%。

学校数继续减少；在校生数从 1995～1996 学年在 1000 万人的规模保持了 10 年之后，于 2005～2006 学年回落到 986.84 万人（见表 2-8）。招生数、在校生数的增加和回落反映了河南人口出生率增减的规律。

表 2-8　2001～2002 学年至 2005～2006 学年河南普通小学教育基本情况

学年	校数 （所）	毕业生数 （万人）	招生 （万人）	在校生 （万人）	教职工 （万人）	专任教师 （万人）	生师比
2001～2002	39825	220.41	163.32	1070.73	50.35	47.56	22.52∶1
2002～2003	37729	202.55	185.77	1104.59	52.73	49.62	22.00∶1

续表

学年	校数（所）	毕业生数（万人）	招生（万人）	在校生（万人）	教职工（万人）	专任教师（万人）	生师比
2003~2004	36379	204.18	118.85	1058.61	51.67	48.85	21.67：1
2004~2005	34164	203.54	162.49	1014.06	50.45	47.85	21.19：1
2005~2006	33026	191.90	169.44	986.84	50.22	47.55	20.75：1

资料来源：根据《中国教育统计年鉴》《河南教育统计年鉴》《河南省教育统计提要》以及河南省档案馆 1949~2019 年馆藏教育相关档案整理而成。

五 2006~2015 年：趋城现象，择校现象

到 2006~2016 学年，全省小学教育入学率、女童入学率和专任教师学历合格率都达到了 100%。整体看来，学校数还在急剧减少，由 31410 所减少到 24673 所，10 年间减少了 6737 所，平均每年减少 674 所。与之相反的，是招生数和在校生数的居高不下（见表 2-9）。分析 2011~2012 学年的情况，可以看出，全省小学校均规模已经达到 393.23 人，与 1988~1989 学年相比，校均规模增加了 172.39 人。这样的规模，一方面造成了农村小学的大面积关闭，另一方面导致了城镇学校特别是省会学校的超大班额。

表 2-9 2006~2007 学年至 2015~2016 学年河南普通小学教育基本情况

学年	校数（所）	毕业生数（万人）	招生（万人）	在校生（万人）	教职工（万人）	专任教师（万人）	专任教师学历合格率（%）	入学率（%）	其中：女童入学率（%）	升学率（%）	其中：女童升学率（%）
2006~2007	31410	166.71	176.86	997.09	50.50	47.82	99.17	99.86	99.86	99.69	99.97
2007~2008	30677	160.19	183.22	1018.71	51.00	48.30	99.36	99.94	99.85	100.00	101.36
2008~2009	30214	168.90	186.92	1036.60	51.22	48.53	99.54	99.91	99.93	97.77	99.55
2009~2010	29420	165.75	184.51	1052.02	51.58	48.91	99.58	99.92	99.91	96.94	98.03

续表

学年	校数（所）	毕业生数（万人）	招生（万人）	在校生（万人）	教职工（万人）	专任教师（万人）	专任教师学历合格率（%）	入学率（%）	其中：女童入学率（%）	升学率（%）	其中：女童升学率（%）
2010~2011	28603	165.35	187.76	1070.53	51.82	49.04	99.64	99.94	99.94	96.05	97.46
2011~2012	27793	167.61	193.44	1092.90	50.47	49.58	99.98	99.91	99.96	96.43	97.92
2012~2013	27452	170.44	190.97	1079.21	50.49	47.95	99.98	99.93	99.93	92.79	94.47
2013~2014	26086	164.48	181.06	939.98	49.94	47.42	99.99	99.87	99.88	92.80	94.50
2014~2015	25578	140.81	159.44	928.60	49.67	49.40	99.99	99.97	99.99	98.36	94.52
2015~2016	24673	140.55	169.30	937.05	50.20	50.40	100.00	100.00	100.00	98.35	98.84

资料来源：根据《中国教育统计年鉴》《河南教育统计年鉴》《河南省教育统计提要》以及河南省档案馆 1949~2019 年馆藏教育相关档案整理而成。

　　小学教育是所有教育的基础，基础的虚化和挪移会影响中等、高等甚至是研究生教育的走向，不但直接影响未来的普通教育、职业教育和成人教育，而且在很大程度上影响未来河南乃至全国经济社会的发展。

　　2006 年，全省小学 31410 所，比上年减少 1616 所；教学点 4794 个，比上年增加 529 个。招生 176.86 万人，比上年增加 7.42 万人；在校生 997.09 万人，比上年增加 10.25 万人；毕业生 166.71 万人，比上年减少 25.18 万人。校均规模由 299 人增加到 317 人。专任教师 47.82 万人，比上年增加 0.26 万人。专任教师学历合格率达 99.17%，比上年提高 0.06 个百分点，其中专科及以上学历占 56.05%，比上年提高 6.51 个百分点。生师比 20.85：1，高于上年的 20.75：1。

　　2007 年，河南小学教育阶段在校生为 1018.71 万人，初中教育阶段在校生 507.20 万人。两项相加，全省义务教育阶段在校生为 1525.92 万人。当年全省总人口为 9820 万人，义务教育阶段人口数占到全省人口总数的 15.54%。当年河南省有 2790 万个家庭户，其中一半以上的家庭有孩子正在接受义务教育。义务教育在河南省，不仅涉及"千家万户"，而且涉及全社会的切身利益。

2008 年，全省小学 30214 所，比上年减少 463 所，教学点 4724 个，比上年减少 329 个；招生 186.92 万人，比上年增加 3.69 万人；在校生 1036.60 万人，比上年增加 17.89 万人。校均规模 343 人，比上年增加 11 人。

全省小学教职工 51.22 万人，比上年增加 0.23 万人，其中专任教师 48.53 万人，比上年增加 0.23 万人。专任教师学历合格率达 99.54%，比上年提高 0.18 个百分点。专任教师中具有专科及以上学历的比例达 66.87%，比上年提高 5.08 个百分点。生师比为 21.36∶1，高于上年的 21.09∶1。

2009 年，小学在校生和校均规模逐步增加。全省共有小学 29420 所，比上年减少 794 所，教学点 4979 个，比上年增加 255 个；招生 184.51 万人，比上年减少 2.41 万人；在校生 1052.03 万人，比上年增加 15.43 万人。平均班额 42 人，略高于上年的 41 人；校均规模 358 人，比上年增加 15 人。小学五年巩固率为 98.66%，毕业生升学率为 96.94%。

全省小学教职工 51.58 万人，比上年增加 0.36 万人；专任教师 48.91 万人，比上年增加 0.39 万人。专任教师学历合格率达 99.58%，比上年提高 0.04 个百分点。其中，具有专科及以上学历的比例达 71.88%，比上年提高 5.01 个百分点；具有中学高级职称的比例达 0.72%；31～45 岁年龄段专任教师数占 39.05%。

2010 年，全省小学 2.86 万所，比上年减少 817 所；教学点 5025 个，比上年增加 46 个。招生 187.76 万人，比上年增加 3.24 万人；在校生 1070.53 万人，比上年增加 18.50 万人；毕业生 165.35 万人，比上年减少 0.4 万人。校均规模 374 人，比上年增加 16 人；平均班额 42.65 人，略高于上年的 42 人。小学五年巩固率为 97.88%；毕业生升学率为 96.05%。小学共有 25.1 万个班，大班 5.55 万个，占总数的 22.11%，比上年增加 1.45 个百分点；超大班（66 人以上）2.61 万个，占总数的 10.40%，比上年增加 0.61 个百分点。

全省小学教职工 51.82 万人，比上年增加 0.24 万人，其中，专任教师 49.04 万人，比上年增加 0.13 万人。专任教师学历合格率达 99.64%，比上年提高 0.06 个百分点。专任教师中具有专科及以上学历的比例达 75.91%，比上年提高 4.03 个百分点。生师比 21.83∶1，略高于上年的 21.5∶1。

2011 年，全省小学 2.78 万所，比上年减少 810 所；教学点 5667 个，比上年增加 642 个；招生 193.44 万人，比上年增加 5.68 万人；在校生 1092.90 万人，比上年增加 22.37 万人；毕业生 167.61 万人，比上年增加 2.26 万人。校均规模 393 人，平均班额 43 人。小学五年巩固率 95.82%，毕业生升学率 96.43%。小学大班 5.88 万个，占 23.31%；超大班 2.88 万个，占 11.41%。

小学教职工 50.47 万人，比上年减少 1.35 万人；专任教师 49.58 万人，比上年增加 0.54 万人。专任教师学历合格率 99.98%，比上年提高 0.34 个百分点；专任教师中具有专科及以上学历比例 80.76%，比上年提高 4.85 个百分点。生师比 22.04∶1，略高于上年 21.83∶1。小学代课教师 1.44 万人，兼任教师 0.22 万人。

2012 年，义务教育阶段学校布局更趋优化，随看学段人口减少，招生数和在校生数呈下降趋势；教职工规模趋于稳定，专任教师学历合格率继续提高，高一级学历专任教师比例稳步上升，办学条件逐步改善。农民工随迁子女和农村留守儿童数量呈递增趋势。全省义务教育阶段学校 3.20 万所，在校生 1533 万人，九年义务教育巩固率 91.2%，教职工 82.10 万人，其中专任教师 76.49 万人。

全省小学 2.75 万所，比上年减少 341 所；教学点 6022 个，比上年增加 355 个；招生 190.97 万人，比上年减少 2.46 万人；在校生 1079.21 万人，比上年减少 13.68 万人；毕业生 170.44 万人，比上年增加 2.83 万人。校均规模 393 人，平均班额 42 人。小学五年巩固率 96.6%，毕业生升学率 92.79%。大班 5.60 万个，占 21.88%；超大班 2.51 万个，占 9.80%。教职工 50.49 万人，比上年增加 0.02 万人；其中专任教师 47.95 万人，比上年减少 1.63 万人。专任教师学历合格率 99.98%，与上年持平；专任教师中具有专科及以上学历比例 83.70%，比上年提高 2.94 个百分点。生师比 21.72∶1，略低于上年 22.04∶1。小学代课教师 1.58 万人，兼任教师 0.13 万人。

2013 年，全省义务教育阶段学校 3.06 万所，在校生 1325.03 万人。教职工 81.59 万人，其中专任教师 75.99 万人。九年义务教育巩固率 92%。

全省小学 2.61 万所，比上年减少 1366 所；教学点 7837 个，比上年增加 1815 个，增幅 30.14%；招生 181.06 万人，比上年减少 9.91 万人，减幅 5.19%；在校生 939.98 万人，比上年减少 139.23 万人，减幅 12.90%；毕业生 164.48 万人，比上年减少 5.96 万人，减幅 3.50%。大班 4.86 万个，占 20.08%；超大班 2.25 万个，占 9.29%。小学教职工 49.94 万人，比上年减少 0.55 万人，减幅 1.09%，其中专任教师 47.42 万人，比上年减少 0.53 万人，减幅 1.11%。专任教师学历合格率 99.99%，与上年基本持平；专任教师中具有专科及以上学历比例 86.19%，比上年提高 2.49 个百分点。生师比 19.01：1，低于上年的 21.72：1。小学代课教师 1.90 万人，兼任教师 0.074 万人。

2014 年，全省义务教育阶段学校 3.01 万所，在校生 1328.24 万人。教职工 82.01 万人，其中专任教师 77.75 万人。九年义务教育巩固率 93.0%。

全省小学 2.56 万所，比上年减少 508 所；教学点 8483 个，比上年增加 646 个，增幅 8.24%；招生 159.44 万人，比上年减少 21.62 万人，减幅 11.94%；在校生 928.6 万人，比上年减少 11.38 万人，减幅 1.21%；毕业生 140.81 万人，比上年减少 23.67 万人，减幅 14.39%。大班 4.49 万个，占 18.31%，比上年下降 1.77 个百分点；超大班 2.08 万个，占 8.48%，比上年下降 0.81 个百分点。小学教职工 49.67 万人，比上年减少 0.27 万人，减幅 0.54%，其中专任教师 49.40 万人，比上年增加 1.98 万人，增幅 4.18%。专任教师学历合格率 99.99%，与上年持平；专任教师中具有专科及以上学历比例 88.36%，比上年提高 2.17 个百分点。生师比 18.8：1，低于上年的 19.01：1。小学代课教师 2.35 万人，兼任教师 0.078 万人。

2015 年，全省义务教育阶段学校 2.92 万所，在校生 1341.86 万人，教职工 83.35 万人，其中专任教师 77.07 万人。九年义务教育巩率 94.00%。

全省小学 2.47 万所，比上年减少 905 所；教学点 9260 个，比上年增加 777 个，增长 9.16%；招生 169.30 万人，比上年增加 9.86 万人，增长 6.18%；在校生 937.05 万人，比上年增加 8.45 万人，增长 0.91%；毕业生 140.55 万人，比上年减少 0.26 万人，下降 0.13%。大班 4.45 万个，占 17.93%，比上年下降 0.39 个百分点；超大班 2.03 万个，占 8.16%，比上年下降 0.32 个百分点。

小学教职工 50.2 万人，比上年增加 0.53 万人，增长 1.07%，其中专任教师 50.09 万人，比上年增加 0.69 万人，增长 1.4%。专任教师学历合格率 100%，比上年略有提高；专任教师中具有专科及以上学历比例 90.64%，比上年提高 2.28 个百分点。生师比 19.85∶1，高于上年的 18.8∶1。小学代课教师 2.28 万人，兼任教师 0.13 万人。

河南民办教育协会副会长、河南民办教育研究院执行院长王建庄认为，改革开放 30 年，河南义务教育在发展中取得了很大成就。

一是适龄人口受教育的比例不断扩大。到 2007 年，河南省小学阶段入学率达到 99.94%，辍学率降至 0.28%，而升学率达到了 99.94%。从女生受教育的情况来看，小学阶段女生入学率为 99.85%，低于男女生平均数 0.09 个百分点；辍学率为 0.37%，高于男女生平均数 0.09 个百分点；升学率为 101.36%，高于男女生平均数 1.36 个百分点。总的看来，小学阶段女生的升学率已高于男生，而其他指标均低于男生。女生的受教育程度在义务教育阶段得到不断提高。小学阶段学生升学率接近 100%，说明全省义务教育阶段小学与初中的教育已经实现了无缝对接。

二是社会对义务教育的关注度不断提高。经过政策的扶持和舆论的引导，作为监护人的学生家长已经认识到了自己为子女提供义务教育条件的责任，农村偏远地区贫困家庭子女上不起学的现象已经得到基本解决。义务教育阶段学生辍学务农、辍学打工的问题也已得到遏制。新闻单位对义务教育的关注度一直在高位运行，社会各界对义务教育的关注度也在不断增加。据对某县级市的了解，2002~2007 年五年间，人大代表、政协委员的建议、提案中关于义务教育的内容超过 12%。

三是政府对义务教育的投入不断加大。从 2002 到 2007 年，除了拨付正常的教育经费外，河南省先后投入 65 亿元，免除农村中小学生学杂费、书本费和补助贫困家庭寄宿生生活费，惠及 1262 万名学生；投入 6 亿元，为全省 748 万名农村中小学生统一配置了课桌凳。市、县、乡级政府也拨出相应的配套经费，进一步改善了中小学的办学条件。

从 2007 年春季起，河南全省全面实施了农村义务教育经费保障机制改革，建立了各级政府分项目、按比例分担的农村义务教育经费保障机制，逐步将农村义务教育全面纳入公共财政保障范围。全部免除农村义务教育阶段学生学杂费，惠及河南全省 750.27 万名小学生。这个数字，占到当年全省小学教育阶段学生总数的 75.25%。

2008 年 9 月 27 日，河南省人民政府发出通知，决定从 2008 年秋季学期开始，全部免除城市义务教育阶段公办学校学生学杂费，并继续对享受城市居民最低生活保障家庭的义务教育阶段学生免费提供教科书，并对家庭经济困难的寄宿学生补助生活费。至此，河南全省城乡义务教育阶段的学生全部可以免费读书。

在发展中，也出现了亟须解决的突出问题。

一是趋城现象。随着城乡居民物质生活水平的不断提高，家庭对学龄儿童享受优质教育的期望值越来越高，父母对子女成才的要求也越来越高，而且由于高考形式的导向，越来越多的家长更加渴望子女能够升入重点高中，考上理想的大学。这样的心态和期望，使义务教育阶段出现了学生的"迁移递进"现象。对于农村孩子来说，最大的愿望是能去城里上学，最不济也要到镇上读书，于是就出现了"趋城"现象：村里的学生想到镇上，镇上的学生想进县城，在县城读书的想去市区，市区的想去省会。这样一波一波地学生递增，使城市义务教育有限的资源不堪重负，而农村义务教育的资源被大量闲置或挪作他用。

二是择校现象。城市的中小学在面临大批涌入的农村学生分享教育资源问题的同时，也面临着疯狂的择校压力。根据政府"划片招生，就近入学"的要求，有些学校的资源已经被充分应用，甚至已经难以维持了。但是，择校的家长和亲友很少考虑这些，他们想尽一切办法，调动一切社会关系，朝着他们心目中的好学校、重点学校"进攻"，不达目的决不罢休。这种局面的直接结果，是导致一些小学面积不大，人数超多，班级有限，座位膨胀，严重违背了教育规律。同时也造成了每年 7、8、9 三个月中一些小学校长四处躲避，关闭手机，影响了学校的正常工作。这种现象，直接导致了在每年的行风评议中教育部门总是倒数的结果。

趋城现象和择校现象带来了全省义务教育阶段的严重失衡。据统计，2007 年河南全省小学平均班额为 40.19 人，其中城市为 55.10 人，农村为 36.74 人。应该说，全省的平均班额数还是适当的，但是，趋城和择校导致了各类学校的严重失衡。以南阳市为例，当年城市小学平均班额为 70.86

人，而农村只有 28.04 人。从郑州市情况看，城市小学的班均人数远远大于农村小学。该市管城区 2007 年小学阶段在校生 34994 人，教学班 592 个，班均 59.11 人；该市新郑市是个县级市，共有小学生 40715 人，教学班 1156 个，班均仅 35.22 人。这样的数据里还包括在县城的小学，实际农村小学班均人数还要更低。再看乡一级的情况，荥阳市刘河镇是一个山区镇，2006 年该镇 580 名小学生分布在 36 个教学班内，班均 16.11 人。随着班级人数的减少，当地教育行政部门合点并校，2007 年由前一年的 6 所小学合为一所，由 36 个教学班压缩为 12 个教学班。在这个过程中，应该有 5 所小学停办或改作他用。

这样的社会现象迫使教育畸形适应。城市学校和农村学校、重点学校和一般学校的巨大反差，不但带来了教育的不均衡和教育的不公平，更严重的是导致了城乡儿童均不能接受优质的教育。据了解，城市学校最大的班额已超过 100 人，而有的农村小学一个班只有一名学生。城市学校教育资源丰富，但超大班额使教师无法顾及每一个学生，因材施教等教育原则无法实施；农村学校的教师虽然有相对充裕的精力去教育辅导学生，而贫乏的资源又成为障碍。这种现象，使城乡学校均无法实现优质教育，导致了义务教育的不公平、不均衡。

王建庄的研究报告认为，随着城乡义务教育阶段全部免除学杂费和农民工的大批进城，上述现象若不遏制，还会继续蔓延扩大，导致教育的公信度受到严重的影响。教育公平程度直接关系公民权利水准、社会公平水准、政治文明水准、经济秩序水准等，从而直接影响未来全省乃至全国经济社会的发展。

报告对问题成因进行了分析。

一是城乡教育的反差。造成趋城现象和择校现象的主要原因是优秀师资的"趋城"和优质教育资源的"留城"以及薄弱学校、农村学校的投入不足。

长期以来，我国的城乡二元结构带来了一系列的社会问题，表现在教育上，除了农村公共设施远远不及城市公共设施外，农村学校的投资也远远低于城市学校，这使得在教育资源上城乡形成巨大反差。城市良好的生活、工作、科研以及职称职务晋升、评先评优等条件，吸引优秀教师一个个离乡进城，导致了城乡学校在师资队伍上的巨大反差。物质资源和教师资源的极大差别，导致了学校教育实力的悬殊。

二是农村家庭对子女受教育的期望值不断提高。希望自己的子女享受良好的教育，是社会进步的显著标志。长期以来，由于经济贫困、生活拮据等，部分农村学生家长认为孩子读书用处不大，特别是女生入学率不高，使我国农村义务教育处于一种因为认识不到位而不断在低水平徘徊的阶段。改革开放使农民生活水平不断提高，富裕后的农民首先改变了对子女的教育观念。他们希望自己的子女能读书，能到好的学校读书，能到县上、市里、省会的好学校读书，这是造成趋城现象的主要动因。

择校现象一般是由城镇学校教育资源的不均衡造成的，其主要矛盾是人民群众日益增长的对优质教育的需求与优质教育资源供给相对不足的矛盾。

一是户籍制度改革和住房制度改革使农村学生有了更多进城的机会。我国户籍制度的改革，拆除了横亘在城乡人口之间的藩篱，使越来越多的农村人流入城市。进入城市的乡下人，在成为"城市人"的同时，带去了他们的子女，因此，必然带来学生的入学问题。

住房制度的改革使原来居住在农村的人们有了在城市拥有住房的可能。有了住房就可以上户口，上了城市户口，接踵而至的就是子女的入学问题。

城市的建设和发展需要大批的农民工。这些农民工子女的入学问题已成为社会热点问题，我们不得不认真面对。

二是城市的发展导致学校布局不合理。城市每天都在扩大，而学校的增加永远赶不上城市发展的步伐，在城市新区工作的市民，不得不辛苦往返每天接送上下学的孩子，既然总是要接送，为什么不选择一个好的学校？

要实现真正的教育公平，必须面对现实。教育在被动地适应。王建庄认为，积极的方法应该是主动的调整。

面对愈演愈烈的全省义务教育阶段的趋城风和择校风，社会各界都在关注，如果不及时解决，势必会演变成社会问题。关于解决的办法，社会各界也提供了不少方案，有关部门也采取了一些措施，但是依然没有抓住症结，没有从根本上解决问题。

面对不断增加的小学教育的生源，现有的资源已经不堪重负，而这种现象将会很快波及初中教育，有人认为应该抓紧扩建学校以缓解矛盾。其实不必，也很难做到。

新建学校之难，局外人很难体会。国务院规定的土地使用的红线，使得征地难上加难，大批地新建学校几乎没有可能。只有另辟蹊径，从体制和管理方法上寻找化解矛盾的办法。

一是科学布局，均衡投入。建好现有的中小学，对农村小学和城市薄弱学校加大投入，对条件较好的学校逐渐减少投入。在城市，按照人口比例进行布局，对重点初中和小学采取维持的方式，对新建的和薄弱的学校加大投入力度。经费和物资都要倾斜，力争在三到五年内，大幅度缩小重点学校和薄弱学校在物质资源上的差距。

对于农村，可以以乡镇为单位，根据人口比例和往返距离，在交通便利、人文条件较好的村，集中建好 5~10 所小学。每镇集中办好一所初中。县级财政要有计划地专门加大对农村学校的投入，使农村小学办学条件优于县城同类学校。把原来投给重点学校的全部转过来投入薄弱学校，改锦上添花为雪中送炭，使城乡学校在物质资源上实现均衡发展。

二是形成教师城乡交流的制度。教师是教育发展的重要资源。应该说，多数的择校生都是冲着名师去的。解决的办法就是实现教师的有序流动。在城市可以规定，每个教师（包括教育教学管理人员）在同一单位工作满三年的，必须流动。这样，每年每校的教师就有 1/3 要流动。在农村，可以要求在同一财政供给范围内的教师每三年必须有一年在农村学校工作。城市的教师每五年必须有一年在农村学校工作的经历。这样就使师资队伍这湖水活了起来。流动产生活力。学生和家长不知道今年会有多少老师流动到哪个学校，如果物质资源和其他办学条件相差不多，谁还让孩子舍近求远，费力择校？

三是加强对城市薄弱学校和农村学校教职工的培训。社会在发展，知识在不断更新，一代一代的学生在变化，老是墨守成规，按照老一套办法来教育学生是不行的。这就要求我们的教育工作者不断学习，不断提高。各级教育行政部门可以在不影响教学工作的情况下，每年利用寒暑假举办不同类型的培训进修活动，提高中小学教师的认知水平和教育教学能力。

四是政策激励。政策的支持对教育的发展尤其重要，要结合职称评聘、评优晋级等教师关心的问题，鼓励教师到农村、到基层工作；流动到乡镇的教师，政府要给予交通费和生活费补贴；鼓励各有关部门支持教育发展；鼓励学者对义务教育谋策献计；尊重基层教育工作者的劳动；等等。

五是练好内功。学校自身要对本地区教育的发展有足够的清醒的认识，要在规划、管理、教学等方面树立科学发展观，鼓励师生创新，使我们的管理者真正从狭隘的思维天地里跳出来，站在一个乡、一个县、一个市、一个省的角度上看教育发展，不要老是盯着升学率、盯着高考，这样才能使我们的义务教育逐步由必然王国走向自由王国，真正实现教育的均衡、公平和正义。

六 2016~2019 年：学校数持续减少，在校生数不断增加

经过近 70 年的发展，河南的小学教育进入了协调发展时期。从 2016~2017 学年到 2018~2019 学年，虽然学校数仍在减少，但招生数和在校生数保持平衡，略有增加（见表 2-10）。

表 2-10 2016~2017 学年至 2018~2019 学年河南普通小学教育基本情况

学年	校数（所）	毕业生数（万人）	招生（万人）	在校生（万人）	教职工（万人）	专任教师（万人）	专任教师学历合格率（%）	入学率（%）	其中：女童入学率（%）	升学率（%）	其中：女童升学率（%）
2016~2017	22822	144.16	173.16	965.59	50.23	47.42	99.99	100.00	100.00	99.98	99.98
2017~2018	20372	150.31	172.38	982.06	51.77	48.86	99.99	100.00	100.00	99.42	99.44
2018~2019	18600	160.70	173.56	994.60	52.93	50.02	100.00				

资料来源：根据《中国教育统计年鉴》《河南教育统计年鉴》《河南省教育统计提要》以及河南省档案馆 1949~2019 年馆藏教育相关档案整理而成。

2016 年，全省义务教育阶段学校 2.74 万所，在校生 1381.2 万人，教职工 83.44 万人，其中专任教师 77.50 万人。九年义务教育巩固率 94.05%。

全省小学 2.28 万所，比上年减少 1851 所；另有小学教学点 11011 个，比上年增加 1751 个，增长 18.91%。毕业生 144.16 万人，比上年增加 3.61 万人，增长 2.57%，招生 173.16 万人，比上年增加 3.86 万人，增长 2.28%；在校生 965.59 万人，比上年增加 28.54 万人，增长 3.05%。大班 4.15 万个，占 16.06%，比上年下降了 1.87 个百分点；超大班 1.76 万个，占 6.81%，比上年下降了 1.35 个百分点。

小学学校教职工 50.23 万人，比上年增加 0.03 万人，增长 0.06%，其中，专任教师 47.42 万人，比上年减少 2.67 万人，减少 5.33%。专任教师学历合格率 99.99%，比上年略有降低；专任教师中具有专科及以上学历比例 92.70%，比上年提高 2.06 个百分点，生师比例 20.36∶1，高于上年的 18.70∶1。小学代课教师 3.35 万人，兼任教师 0.10 万人。

2017 年，全省共有义务教育阶段学校 2.49 万所，在校生 1411.22 万人。教职工 86.68 万人，其中，专任教师 80.62 万人。九年务教育巩固率 94.26%。

全省小学 2.04 万所，比上年减少 2450 所；教学点 12945 个，比上年增加 1934 个，增长 17.56%；毕业生 150.31 万人，比上年增长 6.15 万人，增长 4.27%；招生 172.38 万人，比上年减少 0.78 万人，下降 0.45%；在校生 982.06 万人，比上年增加 16.47 万人，增长 1.71%。共有 26.76 万个班，其中大班 3.65 万个，占 13.61%，比上年下降了 2.45 个百分点；超大班 1.27 万个，占 4.75%，比上年下降了 2.06 个百分点。

小学教职工 51.77 万人，比上年增加 1.54 万人，增长 3.07%，其中，专任教师 48.86 万人，比上年增加 1.44 万人，增长 3.04%。专任教师学历合格率 99.99%，与上年持平；专任教师中具有专科及以上学历比例 94.55%，比上年提高 1.85 个百分点。生师比 20.10∶1，低于上年的 20.36∶1。小学代课教师 3.49 万人，兼任教师 0.16 万人。

2018 年全省共有义务教育阶段学校 2.31 万所，在校生 1446.48 万人，教职工 90.07 万人，其中，专任教师 83.92 万人。九年义务教育巩固率 94.62%

全省小学 1.86 万所，比上年减少 0.18 万所；另有教学点 1.41 万个，比上年增加 0.11 万个，增长 8.60%。毕业生 160.70 万人，比上年增加

10.39 万人，增长 6.91%；招生 173.56 万人，比上年增加 1.18 万人，增长 0.69%；在校生 994.60 万人，比上年增加 12.54 万人，增长 1.28%。

小学共有 27.47 万个班，其中，大班 2.89 万个，占 10.52%，比上年下降 3.09 个百分点；超大班 4453 个，占 1.62%，比上年下降 3.13 个百分点。

小学学校教职工 52.93 万人，比上年增加 1.15 万人，增长 2.23%，其中，专任教师 50.02 万人，比上年增加 1.16 万人，增长 2.38%。专任教师学历合格率 100.00%，比上年略有提高。专任教师中具有专科以上学历 52.48 万人，占 95.91%，比上年提高 1.36 个百分点。生师比 19.88：1，低于上年的 20.10：1。小学代课教师 3.20 万人，兼任教师 0.23 万人。

第三节　普通初级中学发展概况

新中国成立 70 年的河南普通初中教育，在校生由 1949 年的 3.70 万人，发展到 1956 年的 26.81 万人；从 1956 年到 1965 年，平稳增长到 39.78 万人；"文化大革命"中全国教育事业受到严重冲击，初中教育的规模却实现了大规模扩张，到 1978 年，全省普通初中在校生数达到 405.24 万人，此后规模逐渐缩减。到 1989~1990 学年，在校生数跌破 300 万人，为 299.52 万人；之后迅速止跌回升，到 1996~1997 学年突破 400 万人，达到 410.46 万人；1999~2000 学年又突破 500 万人，达到 507.80 万人；2002~2003 学年突破 600 万人，达到 607.80 万人，冲上 70 年来最高值。之后开始回落，2004~2005 学年至 2018~2019 学年，一直保持在 450 万人~500 万人。

一　1949~1988 年：从规模盲目扩张到回归冷静

新中国成立之初，河南的普通初级中学教育规模十分有限，每万人中在初中学校就读的只有 8.86 人。随着政府的不断推动和社会的积极参与，到 1956 年这个数据增加到 56.64 人；1965 年增加到 75.92 人；到 1978 年直接超过 500 人，达到 573.43 人。这个数字是 1949 年的 64.72 倍。1978 年之后，全省普通初中的规模逐渐缩减，每万人口中的在校生人数也出现下滑，1986 年降到 391.11 人；到 1987~1988 学年全省普通初中在校生为 319.10

万人，万人比为 391.63 人，与上年度基本持平，略有增长。

二　1988~1993 年：学校数减少，在校生规模触底回升

在前 30 年特别是前 10 年间规模迅速扩张的基础上，全省普通初中的规模开始缩减，在校生从 1978 年的 405.24 万人减少到 1988~1989 学年的 310.13 万人，并且继续减少，直到 1989~1990 学年跌破 300 万人。同期学校数也在减少，由 1978 年的 22881 所减少到 1988~1989 学年的 8403 所，又减少到 1992~1993 学年的 6104 所，15 年间减少了 16777 所，平均每年减少 1118.47 所（见表 2-11）。学校数的减少速度远远超过了学生数减少的速度，导致普通初中教育阶段大班额的增加。

表 2-11　1988~1989 学年至 1992~1993 学年河南普通初中教育基本情况

学年	校数（所）	毕业生数（万人）	招生（万人）	在校生（万人）	教职工（万人）	专任教师（万人）	生师比
1988~1989	8403	81.40	104.72	310.13	24.31	20.22	15.34∶1
1989~1990	8003	83.13	101.81	299.52	24.01	20.07	14.90∶1
1990~1991	7329	82.66	105.60	303.30	24.15	20.25	15.00∶1
1991~1992	6515	82.81	108.98	308.86	23.17	19.71	15.70∶1
1992~1993	6104	84.89	110.10	313.57	23.21	19.73	15.90∶1

资料来源：根据《中国教育统计年鉴》《河南教育统计年鉴》《河南省教育统计提要》以及河南省档案馆 1949~2019 年馆藏教育相关档案整理而成。

三　1993~2001 年：快速增长时期

其实在 1990~1991 学年，全省普通初中教育在校生规模下滑的态势已经得到遏制，并且实现了增长，此后规模扩张的势头一发不可收拾，到 2000~2001 学年，已经增长到 562.99 万人，当年全省每万人口中，普通初中在校生已经达到 589.21 人（见表 2-12）。

表 2-12　1993~1994 学年至 2000~2001 学年河南普通初中教育基本情况

学年	校数（所）	毕业生数（万人）	招生（万人）	在校生（万人）	教职工（万人）	专任教师（万人）	生师比
1993~1994	5925	87.89	115.42	319.44	23.49	19.98	16.00 : 1
1994~1995	5815	89.92	130.23	342.29	23.99	20.46	14.30 : 1
1995~1996	5726	95.84	143.76	374.95	24.75	21.33	15.20 : 1
1996~1997	5647	102.07	149.77	410.46	25.64	21.97	18.70 : 1
1997~1998	5497	119.38	155.39	433.54	26.50	22.76	19.00 : 1
1998~1999	5426	130.94	170.95	461.39	27.45	23.86	19.30 : 1
1999~2000	5432	138.47	195.70	507.80	28.74	25.00	20.31 : 1
2000~2001	5456	144.68	214.98	562.99	29.95	26.29	21.40 : 1

资料来源：根据《中国教育统计年鉴》《河南教育统计年鉴》《河南省教育统计提要》以及河南省档案馆 1949~2019 年馆藏教育相关档案整理而成。

1990~1991 学年至 1998~1999 学年，河南省普通初中教育学校数连续 9 年位列全国第 1；从 1991~1992 学年到 1995~1996 学年，河南省普通初中招生数连续 5 年位列全国第 2，此后连续 3 年位列全国第 1；从 1992~1993 学年到 1998~1999 学年，全省普通初中教育在校生数连续 7 年位列全国第 2。

四　2001~2006 年：招生数逐年减少，在校生规模稳定

到 2002~2003 学年，全省普通初中在校生规模达到前所未有的 607.80 万人，当年全省每万人口中，普通初中在校生也已经达到破纪录的 636.10 人，之后招生数开始逐年减少（见表 2-13）。

表 2-13　2001~2002 学年至 2005~2006 学年河南普通初中教育基本情况

学年	校数（所）	毕业生数（万人）	招生（万人）	在校生（万人）	教职工（万人）	专任教师（万人）	生师比
2001~2002	5565	156.61	209.33	588.65	31.56	27.77	21.20 : 1
2002~2003	5545	177.26	203.00	607.80		29.03	21.00 : 1
2003~2004	5475	188.78	199.42	604.09		29.16	20.71 : 1
2004~2005	5320	198.21	196.13	590.67		28.95	20.40 : 1
2005~2006	5262	198.36	189.59	569.83		28.90	19.72 : 1

资料来源：根据《中国教育统计年鉴》《河南教育统计年鉴》《河南省教育统计提要》以及河南省档案馆 1949~2019 年馆藏教育相关档案整理而成。

这个时期,全省每万人口中普通初中教育在校生数也一直维持在高位。2001~2002 学年为 620.42 人,2003~2004 学年为 628.41 人,2004~2005 学年为 611.01 人,2005~2006 学年为 586.43 人。

2004 年,全省共有初中 5327 所(其中职业初中 7 所),比上年减少 150 所,在校生达到 591.35 万人(其中职业初中 0.68 万人),比上年减少 13.56 万人。初中学龄儿童入学率达 97.34%,其中女童入学率 97.47%;初中阶段辍学率 1.78%,其中女童辍学率 1.69%。初中三年巩固率 96.18%。初中毕业生升学率 53.04%,比上年提高 2.5 个百分点。

全省普通初中班数共有 90051 个,其中 56~65 人的大班 22367,占总班数的 24.84%;超大班(66 人以上)38131 个,占总班数的 42.34%。

五 2006~2016 年:学校数、招生数和在校生数整体下滑

2006~2016 年,全省普通初级中学虽然规模在缩减,但是整体上基本平稳。最大的降幅出现在 2013~2014 学年,在校生数比上一学年减少了 68.74 万人,之后又开始回升(见表 2-14)。

表 2-14　2006~2007 学年至 2015~2016 学年河南普通初中基本情况

学年	校数(所)	毕业生数(万人)	招生数(万人)	在校生(万人)	教职工(万人)	专任教师(万人)	专任教师学历合格率(%)	入学率(%)	其中:女童入学率(%)
2006~2007	5090	187.88	166.10	540.64		28.45	95.62	98.35	98.39
2007~2008	4944	189.11	160.92	507.20		28.09	96.91	98.79	98.86
2008~2009	4810	183.67	165.13	484.20		27.62	97.68	99.17	99.23
2009~2010	4703	163.18	160.68	474.25		27.81	98.22	99.16	99.27
2010~2011	4616	154.92	158.81	469.40		27.67	98.64	99.62	99.65
2011~2012	4596	155.45	161.62	467.98	31.66	28.22	98.93	99.60	99.45
2012~2013	4551	149.80	158.16	453.79	31.61	28.24	98.88	99.70	99.70
2013~2014	4550	140.34	137.71	385.05	31.65	28.57	99.05	99.14	99.29
2014~2015	4566	114.66	138.40	399.36	32.34	28.35	99.20	99.96	99.96
2015~2016	4565	123.62	138.23	404.81	33.15	28.59	99.31	99.95	99.95

资料来源:根据《中国教育统计年鉴》《河南教育统计年鉴》《河南省教育统计提要》以及河南省档案馆 1949~2019 年馆藏教育相关档案整理而成。

六 2016～2019 年：连年增加

这个时期，全省普通初中教育的学校数、招生数和在校生数，基本都处在一个平稳发展的区间，其中招生数和在校生数都实现了稳步增长（见表2-15）。

表 2-15　2016～2017 学年至 2018～2019 学年河南普通初中基本情况

学年	校数（所）	毕业生数（万人）	招生（万人）	在校生（万人）	教职工（万人）	专任教师（万人）	专任教师学历合格率（%）	入学率（%）	其中：女童入学率（%）
2016～2017	4557	129.50	144.13	415.83	33.21	28.64	99.47	99.98	99.99
2017～2018	4515	132.29	149.45	429.16	34.91	31.76	99.60	99.99	99.99
2018～2019	4519	133.63	159.86	451.88	37.14	33.90	99.69		

资料来源：根据《中国教育统计年鉴》《河南教育统计年鉴》《河南省教育统计提要》以及河南省档案馆1949～2019年馆藏教育相关档案整理而成。

1978年，全省普通初中数量达到最高值，为22881所。到2018～2019学年，全省普通初中校数仅为1978年的19.75%，但是在校生数却是当年的1.12倍。40年间，学校数减少了18362所，在校生数却增加了46.64万人。校均规模由177.11人增长到999.96人，是40年前的5.65倍。

第四节　普通高级中学发展概况

新中国成立70年来，河南的普通高中教育整体上呈快速发展的趋势，这个学段的规模增长速度超过了小学和普通初中学段。

一 1949～1988 年：从快速发展到回归理性

1949年，河南全省普通高中在校生只有0.39万人，每万人口中还不到1人，当时河南的高中生罕见稀少，如同凤毛麟角。到1956年，在校生数迅速发展到4.57万人，8年间增加了4.18万人，增加了10.72倍，每万人口中占到8.83人。之后平稳发展，到1965年达到6.32万人，到1978年即猛增到 116.38 万人。这个时期，普通高中已经下放到公社一级来办，荥阳县崔庙公社当时 2 万来口人，最多时就办了两所普通高中。之后这样的发展方式得到调整，到 1987～1988 学年，全省的普通高中在校生数降至 54.41 万人，回落幅度较大。

二　1988～1993 年：规模缩减

该时期河南省普通高中的规模整体上呈继续缩减的趋势。虽然数量都在减小，但下降幅度不大（参见表 2-16）。

表 2-16　1988～1989 学年至 1992～1993 学年河南普通高中教育基本情况

学年	校数（所）	毕业生数（万人）	招生（万人）	在校生（万人）	教职工（万人）	专任教师（万人）	生师比
1988～1989	1003	18.03	17.09	52.51	5.52	3.79	13.85：1
1989～1990	958	17.27	16.27	49.54	5.50	3.77	13.20：1
1990～1991	920	16.70	16.92	49.26	5.53	3.79	13.00：1
1991～1992	854	15.96	16.50	48.80	5.53	3.83	12.80：1
1992～1993	789	15.01	15.28	46.21	5.37	3.76	12.30：1

资料来源：根据《中国教育统计年鉴》《河南教育统计年鉴》《河南省教育统计提要》以及河南省档案馆 1949～2019 年馆藏教育相关档案整理而成。

三　1993～2001 年：短暂回落后实现增长

1994～1995 学年，招生数从 13.98 万人起步，一直持续增长到 2000～2001 学年的 31.48 万人，7 年间增加了 17.50 万人；在校生数也从 42.51 万人增加到 75.15 万人，增加了 32.64 万人（见表 2-17）。

表 2-17　1993～1994 学年至 2000～2001 学年河南普通高中教育基本情况

学年	校数（所）	毕业生数（万人）	招生（万人）	在校生（万人）	教职工（万人）	专任教师（万人）	生师比
1993～1994	719	14.45	14.86	43.52	5.19	3.62	12.00：1
1994～1995	661	13.98	13.98	42.51	5.01	3.48	8.5：1

续表

学年	校数（所）	毕业生数（万人）	招生（万人）	在校生（万人）	教职工（万人）	专任教师（万人）	生师比
1995~1996	641	13.51	14.58	42.91	4.97	3.45	12.40∶1
1996~1997	635	13.82	15.12	44.02	5.03	3.51	12.50∶1
1997~1998	645	13.78	16.41	46.68	5.11	3.61	12.90∶1
1998~1999	643	14.93	18.72	51.13	5.20	3.75	13.60∶1
1999~2000	688	15.50	24.43	61.07	5.58	4.09	14.93∶1
2000~2001	761	17.41	31.48	75.15	6.14	4.571	16.40∶1

资料来源：根据《中国教育统计年鉴》《河南教育统计年鉴》《河南省教育统计提要》以及河南省档案馆 1949~2019 年馆藏教育相关档案整理而成。

这样的增长是强劲的，之所以这么说，是因为在这个时期普通高中教育的规模扩张受到了中等职业教育发展的严重影响。从 1992~1993 学年开始，河南省中职教育在高中段的招生数已经超过了 50%，在校生数也在 1993~1994 学年超过了 50%。到 1997~1998 学年，全省高中教育阶段中职学校招生数和在校生数的比例双双位列全国第 1，达到了创纪录的 69.7% 和 66.8%。就是说，在该学年，全省普通高中在整个高中段的招生和在校生的比例，只有 30.3% 和 33.2%。即使在这样的大环境下，全省普通高中的招生数和在校生数也实现了稳步增长。

四 2001~2006 年：规模迅速扩大

进入 21 世纪，河南的普通高中教育规模迅速扩大，从 2001~2002 学年到 2005~2006 学年，短短 5 年间，学校数增加了 126 所，招生数增加了 32.36 万人，在校生数增加了 93.66 万人（见表 2-18）。

表 2-18　2001~2002 学年至 2005~2006 学年河南普通高中教育基本情况

学年	校数（所）	毕业生数（万人）	招生（万人）	在校生（万人）	教职工（万人）	专任教师（万人）	生师比
2001~2002	819	19.84	37.63	94.73	6.93	5.13	18.48∶1
2002~2003	854	25.78	50.93	125.55		6.03	21.00∶1

续表

学年	校数 （所）	毕业生数 （万人）	招生 （万人）	在校生 （万人）	教职工 （万人）	专任教师 （万人）	生师比
2003~2004	888	36.38	53.77	146.42		6.72	21.78：1
2004~2005	909	42.78	61.33	168.75		7.60	22.20：1
2005~2006	945	53.66	69.99	188.39		8.40	22.43：1

资料来源：根据《中国教育统计年鉴》《河南教育统计年鉴》《河南省教育统计提要》以及河南省档案馆 1949~2019 年馆藏教育相关档案整理而成。

2004 年，高中阶段教育（包括普通高中、普通中专、成人中专、职业高中和技工学校）共有学校 1857 所，比上年减少 19 所。招生 105.29 万人，比上年增加 9.61 万人。在校生 278.7 万人，比上年增加 31.80 万人。另有初中后一年职业培训在校生 45.33 万人。高中阶段毛入学率达到 42.90%，比上年提高 2.6 个百分点。

全省普通高中共有学校 909 所，比上年增加 21 所。招生 61.33 万人，比上年增加 7.55 万人。在校生 168.75 万人，比上年增加 22.33 万人。

普通高中专任教师 7.6 万人，比上年增加 0.87 万人。生师比为 22.20：1，比上年的 21.78：1 有所提高。专任教师学历合格率为 80.73%（其中专任教师研究生学历共有 1167 人，占总数的 1.54%），比上年提高 2.33 个百分点。中等职业学校专任教师 5.10 万人，生师比为 21.55：1。

五　2006~2016 年：学校数减少，招生数保持稳定

从 2006~2007 学年到 2015~2016 学年，是河南普通高中教育稳步发展的 10 年。学校数有所减少，招生数基本持平，在校生数减少幅度不大（见表 2-19）。

表 2-19　2006~2007 学年至 2015~2016 学年河南普通高中基本情况

学年	校数 （所）	毕业生数 （万人）	招生 （万人）	在校生 （万人）	教职工 （万人）	专任教师 （万人）	专任教师 学历合格率 （%）
2006~2007	955	57.36	67.75	201.58		9.19	85.17
2007~2008	920	65.10	70.57	212.63	9.79	9.79	88.67

续表

学年	校数（所）	毕业生数（万人）	招生（万人）	在校生（万人）	教职工（万人）	专任教师（万人）	专任教师学历合格率（%）
2008~2009	908	74.98	68.42	207.26	12.53	10.27	90.80
2009~2010	868	70.17	64.50	201.20	12.70	10.49	93.98
2010~2011	825	70.43	62.85	192.16	12.58	10.43	94.99
2011~2012	792	66.55	64.63	189.51	13.85	10.43	95.47
2012~2013	785	63.98	66.57	192.63	14.28	10.73	96.53
2013~2014	776	63.13	66.11	189.23	14.33	12.26	96.50
2014~2015	774	60.28	64.49	189.55	14.73	11.08	96.34
2015~2016	770	61.05	67.98	194.31	15.07	11.40	97.32

资料来源：根据《中国教育统计年鉴》《河南教育统计年鉴》《河南省教育统计提要》以及河南省档案馆 1949~2019 年馆藏教育相关档案整理而成。

2006 年，全省高中阶段教育学校 1978 所，比上年增加 70 所，其中职业高中增加 61 所。招生 125.64 万人，比上年增加 4.68 万人，增长 3.87%。在校生 338.67 万人，比上年增加 25.32 万人，增长 8.08%；毕业生 94.53 万人，比上年增加 5.67 万人，增长 6.38%。

全省普通高中学校 955 所，比上年增加 10 所。毕业生 57.36 万人，比上年增加 3.7 万人，增长 6.90%；招生 67.75 万人，比上年减少 2.24 万人，下降 3.2%；在校生 201.58 万人，比上年增加 13.19 万人，增长 7.0%。校均规模由 1994 人增加到 2111 人。普通高中专任教师达 9.19 万人，比上年增加 0.78 万人。生师比 21.94∶1，低于上年的 22.43∶1。专任教师学历合格率达 85.17%，比上年提高 2.62 个百分点，其中专任教师中具有研究生学历的占总数的 2.04%，比上年提高 0.49 个百分点。

2007 年，高中阶段教育规模进一步扩大，普通高中教育结构趋于协调。全省高中阶段教育学校共有 2036 所，比上年增加 58 所。招生 136.08 万人，比上年增加 10.44 万人，增长 8.31%。在校生 368.96 万人，比上年增加 30.29 万人，增长 8.95%。

普通高中教育规模稳步增长。全省普通高中 920 所，比上年减少 35 所；招生 70.57 万人，比上年增加 2.82 万人，增长 4.17%；在校生 212.63 万人，比上年增加 11.05 万人，增长 5.49%。校均规模由上年的 2111 人增加到 2311 人。

通过对招生计划的宏观调控，中等职业教育与普通高中在校生规模差距进一步缩小。

专任教师数量持续增加，学历合格率进一步提高。全省普通高中专任教师 9.79 万人，比上年增加 0.6 万人。生师比 21.72∶1，低于上年的 21.94∶1。专任教师学历合格率达 88.67%，比上年提高 3.5 个百分点，其中，专任教师中具有研究生学历的占总数的 2.32%，比上年提高 0.28 个百分点。

2008 年，高中阶段教育规模进一步扩大，普通高中教育结构趋于协调。全省高中阶段教育学校共有 2081 所，比上年增加 45 所。招生 136.06 万人，比上年减少 0.02 万人；在校生 379.01 万人，比上年增加 10.05 万人，增长 2.72%。

普通高中规模有所减少。全省普通高中 908 所，比上年减少 12 所；招生 68.42 万人，比上年减少 2.15 万人，下降 3.05%；在校生 207.26 万人，比上年减少 5.37 万人，下降 2.53%。校均规模由上年的 2311 人下降到 2283 人。

专任教师数量持续增加，学历合格率进一步提高。全省普通高中教职工 12.53 万人，比上年增加 2.74 万人，其中专任教师 10.27 万人，比上年增加 0.48 万人。生师比 20.18∶1，低于上年的 21.72∶1。专任教师学历合格率达 90.8%，比上年提高 2.13 个百分点，其中，专任教师中具有研究生学历的占总数的 2.66%，比上年提高 0.34 个百分点。

2009 年，全省高中阶段教育学校共有 2048 所，比上年减少 33 所。招生 137.61 万人，比上年增加 1.55 万人；在校生 389.11 万人，比上年增加 10.1 万人。

普通高中在校生规模逐步减小。全省普通高中共有 868 所，比上年减少 40 所；招生 64.5 万人，比上年减少 3.92 万人，下降 5.73%；在校生 201.2 万人，比上年减少 6.06 万人，下降 2.92%。校均规模由上年的 2283 人增加到 2318 人。

专任教师学历合格率进一步提高，年龄结构趋向年轻化。全省普通高中教职工 12.70 万人，比上年增加 0.17 万人，专任教师 10.49 万人，比上年增加 0.22 万人。生师比 15.84：1，低于上年的 20.18：1。专任教师学历合格率达 93.98%，比上年提高 3.18 个百分点，其中，具有研究生学历的占总数的 3.28%，比上年提高 0.62 个百分点，具有中学高级职称的占总数的 18.14%；专任教师年龄分布中，30 岁及以下年龄段专任教师数占 39.61%，31~45 岁年龄段专任教师数占 49.9%。

2010 年，全省高中阶段教育学校共有 1955 所，比上年减少 94 所。招生 135.32 万人，比上年减少 2.29 万人；在校生 381.47 万人，比上年减少 7.64 万人。

全省普通高中 825 所，比上年减少 43 所。招生 62.85 万人，比上年减少 1.65 万人，降幅 2.56%；在校生 192.16 万人，比上年减少 9.04 万人，降幅 4.49%。校均规模由上年的 2318 人增加到 2329 人。

全省普通高中教职工 12.58 万人，比上年减少 0.12 万人；其中专任教师 10.43 万人，比上年减少 521 人。生师比 18.42：1，高于上年的 15.84：1。专任教师学历合格率达 94.99%，比上年提高 1.01 个百分点；专任教师中具有研究生及以上学历的比例为 4.50%，比上年提高 1.22 个百分点。全省普通高中校舍建筑面积 2464.99 万平方米，比上年减少 8.65 万平方米。

2011 年，全省高中阶段教育学校共有 1753 所，比上年减少 202 所，招生 132.65 万人，比上年减少 2.67 万人；在校生 374.23 万人，比上年减少 7.24 万人。

全省普通高中 792 所，比上年减少 33 所；招生 64.63 万人，比上年增加 1.78 万人；在校生 189.51 万人，比上年减少 2.65 万人，校均规模由上年的 2329 人增加到 2393 人。

普通高中教职工 13.85 万人，专任教师 10.43 万人。生师比 18.17：1，略低于上年 18.42：1。专任教师学历合格率 95.47%，比上年提高 0.48 个百分点；专任教师中具有研究生学历的占总数的 5.29%，比上年提高 0.78 个百分点。

2012 年，全省高中阶段教育校数、招生和在校生规模减小；中等职业教育招生、在校生占高中阶段教育比例均有所下降，办学条件得到改善。

全省高中阶段教育学校 1705 所，比上年减少 48 所。招生 129.87 万人，比上年减少 2.78 万人；在校生 366.50 万人，比上年减少 7.73 万人。

全省普通高中 785 所，比上年减少 7 所；招生 66.57 万人，比上年增加 1.94 万人；在校生 192.63 人，比上年增加 3.12 万人。校均规模由上年的 2393 人增加到 2454 人。大班 2.23 万个，占 77.95%；超大班 1.42 万个，占 49.85%。教职工 14.28 万人，其中专任教师 10.73 万人。生师比 17.95∶1，略低于上年的 18.17∶1。专任教师学历合格率 96.53%，比上年提高 1.06 个百分点；专任教师中具有研究学历的所占比例为 5.88%，比上年提高 0.59 个百分点。占地 8.53 万亩，校舍建筑面积 2629.96 万平方米，图书藏量 3340.61 万册。

2013 年，全省高中阶段教育学校 1675 所，比上年减少 30 所；招生 119.17 万人，比上年减少 10.70 万人，减幅 8.24%；在校生 336.42 万人，比上年减少 30.08 万人，减幅 8.21%。

全省普通高中 776 所，比上年减少 9 所；招生 66.11 万人，比上年减少 0.46 万人，减幅 0.69%；在校生 189.23 万人，比上年减少 3.40 万人，减幅 1.77%。毕业生 63.13 万人，比上年减少 0.85 万人，减幅 1.33%。大班 2.26 万个，占 79.44%；超大班 1.45 万个，占 51.15%。教职工 14.33 万人，比上年增加 0.05 万人，增幅 0.35%；其中专任教师 12.26 万人，比上年减少 1.53 万人，减幅 14.26%。生师比 17.51∶1，略低于上年 17.95∶1。专任教师学历合格率 96.50%，比上年下降 0.03 个百分点；专任教师中具有研究生学历的所占比例为 6.33%，比上年提高 0.45 个百分点。

2014 年，全省高中阶段教育学校 1659 所，比上年减少 16 所；招生 112.88 万人，比上年减少 6.29 万人，减幅 5.28%；在校生 327.13 万人，比上年减少 9.29 万人，减幅 2.76%。

全省普通高中 774 所，比上年减少 2 所；招生 64.49 万人，比上年减少 1.62 万人，减幅 2.45%；在校生 189.55 万人，比上年减少 0.32 万人，减幅 0.17%。毕业生 60.28 万人，比上年减少 2.85 万人，减幅 4.51%。大班 2.22 万个，占 76.48%；超大班 1.33 万个，占 45.86%。教职工 14.73 万人，比上年增加 0.40 万人，增幅 2.79%；专任教师 11.08 万人，比上年减少 1.18 万人，减幅 9.62%。生师比 17.11∶1，略低于上年的 17.51∶1。专任教师学历合格率 96.34%，比上年下降 0.16 个百分点；专任教师中具有研究生学历的所占比例为 7.00%，比上年提高 0.67 个百分点。普通高中学校占地 8.58 万亩，校舍建筑面积 2752.36 万平方米，生均 17 册，生均教学仪器设备值 999 元。

2015 年，全省高中阶段教育学校 1645 所，比上年减少 14 所；招生 115.45 万人，比上年增加 2.57 万人，增长 2.28%；在校生 325.79 万人，比上年减少 1.34 万人，下降 4.10%。高中阶段毛入学率 90.3%。

全省普通高中 770 所，比上年减少 4 所；招生 67.98 万人，比上年增加 3.49 万人，增长 5.41%；在校生 194.31 万人，比上年增加 4.75 万人，增长 2.51%。毕业生 61.05 万人，比上年增加 0.77 万人，增长 1.28%。教职工 15.07 万人，比上年增加 0.34 万人，增长 2.35%，其中专任教师 11.4 万人，比上年增加 0.32 万人，增长 2.89%，生师比 17.04∶1，略低于上年的 17.11∶1。专任教师学历合格率为 97.32%，比上年提高 0.98 个百分点；普通高中学校占地 8.69 万亩，校舍建筑面积 2827.55 万平方米，生均图书 17 册，生均教学仪器设备值 1043 元。

六 2016~2019 年：持续增长，平稳发展

从 2016~2017 学年开始，全省普通高中教育学校数、招生数和在校生数三个指标都出现了持续回升的状态。这样的状态在先前 70 年中并不多见，这说明河南的普通高中教育进入了稳定发展的时期（见表 2-20）。

表 2-20 2016~2017 学年至 2018~2019 学年河南普通高中基本情况

学年	校数（所）	毕业生数（万人）	招生（万人）	在校生（万人）	教职工（万人）	专任教师（万人）	专任教师学历合格率（%）
2016~2017	792	63.31	69.53	199.60	15.55	13.54	97.09
2017~2018	813	63.14	70.97	205.49	16.49	14.45	97.56
2018~2019	852	66.08	72.65	210.06	17.44	15.33	98.23

资料来源：根据《中国教育统计年鉴》《河南教育统计年鉴》《河南省教育统计提要》以及河南省档案馆 1949~2019 年馆藏教育相关档案整理而成。

2016 年，全省高中阶段教育学校 1592 所，比上年减少 53 所，招生 117.32 万人，比上年增加 1.87 万人，增长 1.62%；在校生 327.85 万人，比上年增加 2.06 万人，增长 0.63%。高中阶段毛入学率 90.40%。

全省普通高中 792 所，比上年增加 22 所；毕业生 63.31 万人，比上年增加 2.26 万人，增长 3.70%；招生 69.53 万人，比上年增加 1.55 万人，增长 2.28%；在校生 199.60 万人，比上年增加 5.29 万人，增长 2.72%。大班 2.26 万个，占 72.81%，比上年下降 2.61 个百分点；超大班 1.31 万个，占 42.16%，比上年下降 4.12 个百分点。

教职工 15.55 万人，比上年增加 0.48 万人，增长 3.19%，其中专任教师 13.54 万人，比上年增加 2.14 万人，增长 18.77%。生师比 16.93∶1，略低于上年的 17.04∶1，专任教师学历合格率 97.09%，比上年下降 0.23 个百分点；专任教师中具有研究生学历的所占比例为 8.06%，比上年提高 0.46 个百分点。普通高中学校占地 8.97 万亩，校舍建筑面积 2929.57 万平方米，生均图书 17 册，生均教学仪器设备值 1149 元。

2017 年，全省高中阶段教育学校 1602 所，比上年增加 10 所；招生 123.84 万人，比上年增加 6.51 万人，增长 5.45%；在校生 338.72 万人，比上年增加 10.87 万人，增长 3.15%。高中阶段毛入学率 90.61%。

全省普通高中 813 所，比上年增加 21 所；毕业生 63.14 万人，比上年减少 0.17 万人，下降 0.27%。招生 70.97 万人，比上年增加 1.44 万人，增长 2.07%；在校生 205.49 万人，比上年增加 5.89 万人，增长 2.95%。共有 3.26 万个班，其中大班 2.22 万个，占 68.35%，比上年下降 4.46 个百分点；超大班 1.27 万个，占 38.87%，比上年下降 3.29 个百分点。教职工 16.49 万人，比上年增加 0.94 万人，增长 6.05%；其中，专任教师 14.45 万人，比上年增加 0.91 万人，增长 6.72%。生师比 14.22∶1，优于上年的 16.93∶1。专任教师学历合格率 97.56%，比上年增加 0.47 个百分点；专任教师中具有研究生学历的所占比例为 9.08%，比上年提高 1.02 个百分点。普通高中学校占地 9.29 万亩，校舍建筑面积 3051.05 万平方米，生均 17 册，生均教学仪器设备值 1213 元。

2018 年，全省高中阶段教育学校 1607 所，比上年增加 5 所；招生 122.69 万人，比上年减少 1.15 万人，下降 0.93%；在校生 346.69 万人，比上年增加 7.97 万人，增长 2.35%。高中阶段毛入学率 91.23%。

普通高中 852 所，比上年增加 39 所；毕业生 66.08 万人，比上年增加 2.94 万人，增长 4.66%；招生 72.65 万人，比上年增加 1.68 万人，增长 2.37%；在校生 210.06 万人，比上年增加 4.56 万人，增长 2.22%。

普通高中共有 3.45 万个班，其中，大班 2.23 万个，占 64.72%，比上年下降 3.63 个百分点；超大班 1.07 万个，占 31.15%，比上年下降 7.72 百分点。

普通高中学校教职工 17.44 万人，比上年增加 9495 人，增长 5.76%，其中，专任教师 15.33 万人，比上年增加 8836 人，增长 6.11%。生师比 13.7∶1，优于上年的 14.22∶1。专任教师学历合格率 98.23%，比上年提高 0.67 个百分点。专任教师中具有研究生学历的 1.31 万人，占 10.03%，比上年提高 0.94 个百分点。普通高中代课教师 2610 人，兼任教师 1127 人。

普通高中学校占地 9.95 万亩，比上年增加 0.66 万亩，增长 7.10%。校舍建筑面积 3317.41 万平方米，比上年增加 266.36 万平方米，增长 8.73%。生均图书 17 册，与上年持平。生均教学仪器设备值 1474 元，比上年增加 261 元。

第三章　当代河南基础教育
管理体制改革

基础教育体制是指一个国家在特定的历史阶段建立起来的基础教育机构及其有效运行的基础教育规范体系的统一体。它是由基础教育的机构体系与基础教育的规范体系所组成的。基础教育管理体制改革应包括教育行政体制与学校内部管理体制两大范畴，其中，教育行政体制解决的是中央与地方、政府与教育行政部门、政府与学校等的关系问题，学校内部管理体制主要包括决策体制、执行体制、咨询体制和监督反馈体制，它所解决的是学校内部运作及其各种管理关系问题。基础教育管理体制是基础教育体制的重要组成部分，它主要涉及中央与地方政府、地方政府与学校在基础教育管理上的权力隶属与分配等内容。在新中国 70 年的基础教育管理体制改革历程里，我国在基础教育管理体制改革方面进行了积极的探索和有益的尝试，并积累了宝贵的历史经验。

我国基础教育的管理体制实行的是在国家宏观指导下，主要由地方负责、分级管理的体制。由教育部负责制定有关基础教育的法规、方针、政策及总体发展规划和基本学制；设立用于补助贫困地区、民族地区、师范教育的专项基金；对地方教育部门工作进行监督指导等。省级政府负责本地区基础教育的实施工作，包括制定本地区基础教育发展规划和中小学教学计划，组织对本地区义务教育的评估和验收；建立用于补助贫困地区、少数民族地区的专项基金；对县级财政教育事业费有困难的地区给予补助等。县（市、区）级人民政府组织义务教育的实施，包括统筹管理教育经费，调配和管理中小学校长、教师，指导中小学教育教学工作等。同时国家鼓励社会各界共同参与中小学（幼儿园）的办学及管理，逐步形成以政府办学为主体、社会各界共同参与、公办学校和民办学校共同发展的办学体制。倡导中小学校（幼儿园）同附近的企事业单位、街道或村民委员会建立社区教育组织，吸引社会各界关心，支持学校（幼儿园）建设。

第一节　我国基础教育管理体制的变迁

从我国基础教育管理体制的变迁来看，新中国基础教育管理体制主要经历了"不稳定时期"、"恢复、调整与完善时期"以及"改革转型时期"三个阶段。

一　不稳定时期

"文化大革命"以前是基础教育管理体制的流转与复归。

从新中国成立到"文化大革命"爆发前夕是我国社会主义教育体系的初建阶段。在这一时期，我国基础教育管理体制历经了"集权—放权—集权"的流转与复归，处于不稳定的发展阶段。

新中国成立之初的集权阶段（1949～1957年）。新中国成立前夕出台的具有临时宪法性质的《中国人民政治协商会议共同纲领》，不仅确立了新中国文教事业的性质，更提出了当时文化教育工作要以"提高人民文化水平，培养国家建设人才，肃清封建的、买办的、法西斯主义的思想，发展为人民服务的思想"为主要任务。在此精神引领下，教育领域的改革也悄然展开。党中央颁发的《关于争取和改造知识分子及对新区学校教育的指示》、《关于保护新收复城市》以及《中国人民解放军布告》等分别做出了要对新解放区学校进行改良、对"蒋伪"政府体系内的公营企业、学校、医院等加以保护的批示，由此形成了"原封原样、原封不动""各按系统，自上而下，原封不动，先接后分"的接管大中型城市的指导方针。

由此，部队专门成立了军事管制委员会、文化教育接管委员会，采取派遣军事代表与当地地下解放组织配合的形式，以灵活多样的方法接管国民党教育部及教育行政部门所属的学校和文化机构。其中教会学校，外国人独资、合资开办的学校也赫然在列。而随着《关于接办私立中小学的指示》的印发，被军队接管的私立学校也逐步完全被接管和改造。由此，以

"集权"为根本特征的基础教育管理体制开始萌芽，并随着"一五"计划的实施而逐步得到加强。

"教育大跃进"及其后的放权阶段（1958～1962年）。"一五"计划的超额完成虽使人们建设社会主义的信心倍增，但高度集中的计划经济体制影响了人们积极性的发挥。因此，放权成为当时继续推进社会主义建设事业的基本要求。在1958年总路线指导下，"一大二公""一平二调"的口号随之提出，"教育大跃进"开始进行。1958年8月，中共中央、国务院颁发的《关于教育事业管理权力下放问题的规定》正式做出了教育管理权力下放的决定："小学、普通中学……的设置和发展，无论公办或民办，由地方自行决定。"这个规定加强了地方对教育事业的领导和管理，有利于调动地方发展教育的活力和积极性。1959年11月，中共中央宣传部在《关于加强人民公社对教育工作的领导和管理的几项规定》中更进一步明确，公办的一般全日制小学由公社直接管理，民办小学由生产大队直接管理。政府的仓促放权虽激发了地方教育发展的活力，但对于缺乏管理实力而又尚未做好接收准备的公社、大队以及地方政府而言，政府选择在此时大规模下放教育权力则未免显得操之过急。

集权的复归阶段（1963年至"文化大革命"前夕）。"教育大跃进"中，教育管理权力在政府缺乏全面考量情况下的仓促下放，曾一度引致教育秩序混乱。随着政治、经济领域纠"左"工作在"八字方针"指导下逐步展开，1963年提出的"中学五十条"和"小学四十条"随即对中小学的管理做出了新的规定：全日制公办小学由县（市属区）教育行政部门统一管理；全日制初中由县（市）教育行政部门管理；高中和完全中学则由省、自治区、直辖市的教育行政部门管理，也可委托所在专区（市）或县（市）教育行政部门管理。经过调整后，中小学的管理权和办学权上移并再次相对集中，党对教育的领导作用逐渐加强，而省、自治区、直辖市的基础教育管理权限则得到了显著加强。

经历了集权到放权再到集权的流转与复归后，政府高度集中的教育管理体制逐渐形成，且教育分级管理的思维也开始萌芽，为分级管理、以县为主教育体制的形成奠定了基础。

二 恢复、调整与完善时期

改革开放以来，基础教育管理体制改革按照中央与地方政府分工负责的思维进行。

基础教育管理体制的恢复时期（1977~1984 年）。"文化大革命"结束后，随着高考的恢复、知识分子地位的重新确立以及教育推动"四个现代化"目标实现的战略思想的提出，新时期教育发展的基调开始奠定。1979年 9 月颁发的《中学暂行工作条例（试行草案）》和《小学暂行工作条例（试行草案）》使得对中小学的管理恢复到"文化大革命"前的体制。党的十一届三中全会召开后，我国教育事业发展进入了崭新的历史阶段。1982年 12 月，中共中央、国务院颁发的《关于普及小学教育若干问题的决定》，强调了地方党委和政府发展教育的责任，小学普及任务被纳入各级党委和政府的重要议事日程；中学管理体制则采取在中央统一领导下、地方政府分级分类管理的模式，且分别对戴帽中学、社办中学、一般中学以及重点中学的直接领导与管理主体做出了规定。除此之外，统筹制定普通教育的发展规划、年度计划，且统筹安排教育事业经费和实施基建投资、人员编制等也被纳入地方党委和政府工作日程。基础教育管理体制以及分级管理思维的恢复，为基础教育的进一步发展奠定了基础。

基础教育管理体制的调整阶段（1985~2002 年）。这一时期是"以乡为主"管理体制的形成时期，也是"以乡为主"教育管理体制向"以县为主"教育管理体制转变的时期。

1985 年中共中央颁发了《关于教育体制改革的决定》（以下简称《决定》），确立了新时期基础教育体制改革的基调。《决定》提出了基础教育"分级管理，分工负责"的原则，基础教育管理权交由地方政府，中央政府只负责宏观的统筹、指导和规划。1986 年颁布的《中华人民共和国义务教育法》再次重申了此项原则。另外，1987 年颁发的《关于农村基础教育管理体制改革若干问题的意见》则将基础教育发展所关注的重点开始向农村基础教育转移。1993 年中共中央、国务院印发的《中国教育改革和发展纲要》继承了《决定》"分级管理，分工负责"的精神，进一步提出了建立与社会主义市场经济体制相适应的教育体制的根本要求，并确立了综合配套、分步推进的实现步骤。随着基础教育发展任务被逐渐提升至县、乡政府工作重要组成部分的高度，"以乡为主"的基础教育管理体制开始形成。

三　改革转型时期

基础教育管理体制改革转型时期从 2001 年至今。"以乡为主"的基础教育管理体制虽然增强了地方（特别是乡镇）发展教育的积极性，但经济发展力有限的乡镇无疑担负不了独自发展基础教育的大任。在"以乡为主"的基础教育管理体制下，村基础教育发展更加困难，办学压力逐渐加大，而教育质量提升目标更是不可企及。由此，2001 年 6 月的《关于基础教育改革与发展的决定》提出，农村义务教育阶段学校实行"在国务院领导下，由地方负责、分级管理、以县为主"的管理体制。由此，基础教育"以乡为主"的管理体制也完成了向"以县为主"的转变，基础教育"以县为主"的发展基调得以奠定。

党的十六大以来，"科学发展""和谐发展""可持续发展"成为促进社会各项事业现代化的基本要求。在基础教育领域内，教育实现和谐发展的重要任务即是要缩小城乡、区域、校际的差距，实现教育均衡发展，而农村教育的发展无疑是实现这一目标的关键步骤。党和政府在继续实行"以县为主"教育管理体制的同时，又进一步赋予了县一级政府的统筹规划权。除此之外，加大对农村基础教育投入的实践也逐步展开。这一阶段基础教育管理体制的流转，不但明确了各级政府发展基础教育的责任，而且也加大了对农村基础教育发展的关注力度。"教育公平""教育均衡"的目标激励着基础教育管理体制变革继续向前推进。

党的十八大以来，以习近平同志为核心的党中央坚持把教育摆在优先发展的战略地位，强调扎根中国、融通中外、立足时代、面向未来，对教育工作做出了一系列重大决策部署。牢固树立新发展理念，坚持发展抓公平、改革抓体制、安全抓责任、整体抓质量、保证抓党建，加快推进教育现代化，13 亿多人享有更好更公平的教育梦正逐步成为现实。始终坚持党的领导，牢牢把握社会主义办学方向。以政治标准为第一要求，全面加强大中小学领导班子建设。我国坚持把教育摆在优先发展的战略位置，作为政府财政支出重点领域给予优先保障。2017 年，国家财政性教育经费占国内生产总值的比例始终保持在 4% 以上，奠定了教育共享发展的坚实基础。我国各级各类教育加快发展，教育普及程度进一步提高。小学净入学率 99.9%，初中阶段毛入学率 104.0%。九年义务教育巩固率 93.4%，比 2012 年提高 1.6 个百分点，普及程度超过高收入国家平均水平。高中阶段毛入学率 87.5%，比 2012 年提高 2.5 个百分点。通过教育信息化促进优质教育资源共享，五年来全国中小学互联网接入率从 25% 上升到 94%，多媒体教室比例从不到 40% 增加到 80%，中国教育卫星宽带传输网直接服务于近 1 亿农村中小学师生，全国 6.4 万个教学点实现数字教育资源全覆盖。第三方评估表明，我国教育总体发展水平跃居世界中上行列。

第二节　河南基础教育管理体制改革展望

教育部中国教育科学研究院教育政策研究中心原主任吴霓在《我国基础教育发展状况及改革趋势》一文中指出，中国基础教育的未来走向，脱离不开我国社会发展的现有的环境。我国仍处于并将长期处于社会主义初级阶段的基本国情没有变，人民日益增长的物质文化需要同落后的社会生产之间的矛盾这一社会主要矛盾没有变，我国是世界上最大的发展中国家的国际地位没有变。发展仍然是解决我国所有问题的关键。未来我国基础教育的改革将在基本国情的发展环境当中做出相应的抉择，河南省的基础教育的改革将会紧紧跟随国家教育政策做出适时的改革和转变，并将会凸显河南省的特性。

河南基础教育发展应该加强对老少边穷地区基础教育的提高、基础教育的普及、基础教育的整体发展。重点在于通过加大教育投入，解决义务教育阶段的择校问题，促进教育的均衡发展，提高教育质量来实现。从政府部门入手，在教育部门的配合下，通过各个部门的齐抓共管，解决进城务工人员子女教育问题、农村留守儿童教育的问题、困难学生资助问题等。

加快改革步伐，着力破除体制机制障碍。教育发展重点在改革，改革就是要从体制机制方面来进行重大的突破，促进基础教育顺利发展，提高保障水平，夯实教育事业科学发展的基础。转变政府职能，不断改进教育管理方式。要通过民主决策、简政放权来推进基础教育的管、办、评分离，要坚持依法治教，使基础教育的发展有法可依，有法必依。

改革开放 40 多年来，河南在基础教育工作方面全面推进综合改革，创新发展，学校充满了生机、活力，河南基础教育社会声望和影响力在国内不断增强。近年来，河南有多所高质量中学多批次进入省级示范高中，主动承担国家和地方教育改革的实验工作，打造了一批有特色的示范校，成为输出教育教学与学校管理先进经验的摇篮，带动了全省基础教育整体办学水平的提高。如今，人民群众对教育的关注度在增加，对优质教育的渴望越来越强烈。河南必须把基础教育搞上去，提升基础教育核心竞争力、综合实力，在新时代向教育强省迈进。

新时代迫切需要高素质的、具有创造能力、全面发展的人才。今天的河南基础教育，需要聚合社会各方面的力量和智慧，来实现创新发展和跨越。这是时代发展的必然要求，也是未来教育的发展方向。作为人才培养的主阵地，基础教育的创新与发展，已经成为摆在学校面前的一项现实的重大课题。

纵观新中国成立七十年来我国教育体制改革的发展脉络可以发现，我国教育体制改革更多地表现为对政治经济领域改革的适应性。从传统计划经济的束缚中解放出来，到中国特色社会主义市场经济体制的确立及深化，反映出我们对市场机制的认识不断深化的过程。受此影响，教育领域对市场机制的认识也存在一个由浅入深、去伪存真的过程，市场机制在教育领域中的作用至今仍然值得我们反思。

1985 年《中共中央关于教育体制改革的决定》涉及市场经济条件下教育如何办的几个核心问题，包括办学体制多元化问题、政府职能与学校办学自主权问题、中央与地方关系问题、多元化筹资问题、高等学校招生与毕业生分配制度问题等。回顾改革的历程我们发现，这些问题解决的轨迹差别很大，有些问题几经周折，原地踏步，有些问题曲折前进，但一直按着 1985 年的设想在推进。

一是办学体制多元化问题。这一问题属于曲折前进型的问题，民办学校、改制学校、独立学院这几个关键词反映了办学体制改革的主要特点。总体来看，办学体制改革从最初突破禁忌，允许民办学校的创办，到明确提出改变政府包揽办学的格局，逐步建立以政府办学为主体、社会各界共同办学的体制，办学体制多元化的主导思想是明确的，但在具体实施层面，却存在摇摆现象。民办教育无法获得与公办教育同等待遇的问题仍然是束缚办学体制改革的根本问题。

二是政府办教育的职责问题。政府办教育的职责在体制改革之初一度被弱化，其原因一方面是对教育的公益性与市场经济认识不足，另一方面是在相当长的一段时间内政府的财力无法支撑教育的快速发展。到 20 世纪 90 年代中后期，财政投入占全部教育经费的比例还不到 60%。进入 21 世纪，这种情况得到了较大的改善，财政投入支持教育发展的力度不断加大，尤其在农村教育中，财政投入已经占农村教育经费的 80% 多。不过，1993 年提出的"政府要转变职能，由对学校的直接行政管理，转变为运用立法、拨款、规划、信息服务、政策指导和必要的行政手段，进行宏观管理"，这方面的改革进展不大。

三是在教育领域中央与地方的关系问题。1985 年《中共中央关于教育体制改革的决定》适应财政体制改革的要求，将举办基础教育的责任归于地方。2005 年义务教育经费保障新机制依据分税制改革后的财权与事权状况，实行分项目、按比例分担农村义务教育经费，中央开始在农村义务教育方面承担更多的责任。举办义务教育方面的责任主要由地方承担转变为中央与地方共同承担。这样的调整，教育领域中央与地方的关系并不是一成不变的，中央与地方在教育责任上的分担主要还是以财权的分配为基础。目前，尽管在义务教育阶段实施了分项目、按比例的分担方式，但是在中央与地方的关系以至更为深入的各级政府的关系问题，仍然没有得到根本解决。

四是多元化筹资体制问题。从 1985 年开始初步提出多元化的筹资体制，应该说多元化筹资体制已经成为教育发展的重要支撑。但是，由于最初提出多元化筹资体制的时期，市场经济体制尚未建立，许多制度也不规范，随着市场经济体制的不断完善，多元化筹资体制实际上面临着许多政策上的障碍，需要在比较完善的市场体制下重新梳理相关政策，使多渠道筹资建立在更为坚实的基础之上。

回顾 70 年的教育体制改革，既有成功的推进，也不乏无疾而终的尝试；既有对市场机制的热切追求，也有加强政府职责的艰苦努力。当前，理论界仍然有许多关于教育中市场与政府关系的论述，试图以此为基础进一步推进教育体制改革。进一步的教育体制改革，最为关键的是要关注教育体制改革的实现机制。要充分认识到参与教育改革的利益相关者，都是追求个人效用最大化的"理性人"。要想成功实现教育体制改革，就必须为改革的参与者提供足够的激励，必须充分考虑到改革目标实现的约束条件。教育体制进一步改革，不仅要有价值追求，还要更多地关注实现价值的激励机制和约束条件。

第四章　当代河南基础教育的信息化建设

　　教育信息化是国家信息化战略的重要组成部分，是教育现代化的核心内容和重要标志。在我国的教育信息化尤其是基础教育信息化进程中，全国电教系统发挥着重要作用，一直是推进和承担信息化基础设施建设和数字化教学资源建设的主体。电教系统的工作重心已逐渐转向推动应用，转向利用已有的信息化条件，推动教学模式变革以提高教育质量、促进教育公平。大力推进教育信息化，对深化教育领域综合改革，提高教育质量，促进教育公平，提升教育管理的科学化、精细化水平，推动智慧河南、宽带中原建设等都具有十分重要的作用。

　　国家相继出台了一系列推进教育信息化的政策和措施，或在相关的文件中对教育信息化提出了明确的要求，其内容涉及现代远程教育、中小学信息技术教育、中小学"校校通"工程、教育信息化发展纲要、教育信息化技术标准、西部中小学现代远程教育项目及教育部现代远程教育扶贫示范工程、西部大学校园计算机网络建设工程、教师教育信息化建设、高校现代远程教育试点工作、高校网络教育学院管理、现代远程教育校外学习中心（点）的管理、软件学院等教育信息化的各个方面。

第一节　河南基础教育信息化的改革与发展

　　河南基础教育信息化虽然起步较晚，但经过几代人的艰苦努力，仍取得了一定的成绩。河南省电化教育馆于1981年成立，标志着河南省的电化教育进入起步阶段。1981年和1988年，教育部、国家教委曾两次分别下文

《关于电化教育工作中几个问题的意见》《省级电化教育馆暂行规程》，规定了省级电教馆的工作职责和任务，指出省级电教馆是隶属同级教育行政部门、主要面向基础教育的教学性质的事业单位，兼有行政职能。《河南省机构编制委员会关于中共河南省委高等学校工作委员会、河南省教育委员会直属事业单位机构编制方案的通知》中明确指出其主要任务是：为各级各类学校的电化教育及卫星电视教育工作服务，编制、储存、出版、发行各类教育电教教材、资料和信息；研究电教教材和教法，出版发行电教刊物，培训电教人员，研究开发多媒体计算机在教学中的应用，开展电教设备技术服务；会同有关部门办好河南教育电视台。

河南教育电子音像出版社是河南省仅有的两个具有电子出版权的出版社之一。该社成立于 1988 年 10 月，与省电教馆合署办公，是河南省教育系统唯一一家音像出版单位。该社自成立以来，坚持正确的出版方向，立足教育、面向社会，立足河南、面向全国，逐步探索出一条符合本社实际的音像出版之路。在厅党组、厅领导的正确领导下，在各地教育行政部门的大力支持下，全省的电教事业取得了辉煌的业绩：农村中小学现代远程教育工程全面启动实施，基础教育资源建设步伐加快，学校电教管理及教研工作取得新成果，现代教育技术培训工作再创佳绩，教育电视的管理工作进一步加强。全省电教系统生机勃勃，电教事业如日中天。随着教育改革的不断深化，电教工作的性质、内涵亦不断丰富和发展。

一　2017 年 1~6 月全省基础教育信息化建设情况

河南全省广泛开展信息化建设，成立相关部门，自 2017 年起，对基础教育信息化建设情况及时总结汇报，全面展示全省基础教育信息化建设情况。

（一）宽带网络接入情况

截至 2017 年 6 月，全省中小学宽带网络接入率为 81.4%。其中郑州、安阳、鹤壁、焦作、许昌、三门峡、济源 7 个省辖市和巩义、兰考、汝州、长垣、新蔡 5 个省直管县（市）超过 90%，洛阳、漯河、南阳、驻马店 4 个省辖市超过 85%，但仍有开封、商丘、周口 3 个省辖市和邓州、鹿邑两个省直管县（市）低于 60%。特别是周口市和鹿邑县尚低于 40%，严重滞后于全省平均水平（见表 4-1、表 4-2）。

表 4-1　2017 年 6 月河南各省辖市中小学宽带网络接入及多媒体教室建设情况

单位：%

省辖市	宽带网络接入率	省辖市排名	多媒体教室占教室总数比例	省辖市排名
郑州市	90.70	7	94.60	2
开封市	57.20	16	41.40	16
洛阳市	87.70	8	82.20	6
平顶山市	78.30	14	48.00	15
安阳市	99.70	2	78.80	8
鹤壁市	100.00	1	86.60	5
新乡市	84.70	12	62.90	10
焦作市	99.40	4	97.46	1
濮阳市	81.90	13	63.80	9
许昌市	99.10	5	80.90	7
漯河市	86.30	9	60.40	13
三门峡市	99.70	3	92.20	3
南阳市	85.60	11	60.70	11
商丘市	53.80	17	39.60	17
信阳市	73.50	15	52.10	14
周口市	35.30	18	27.70	18
驻马店市	86.00	10	60.60	12
济源市	96.10	6	90.20	4

资料来源：《关于 2017 年上半年全省基础教育信息化建设进展情况的通报》，河南省教育厅网站，http://www.haedu.gov.cn/2017/08/21/1503282622554w.html。

（二）多媒体教室建设情况

截至 2017 年 6 月，全省中小学多媒体教室占教室总数的比例为 64.3%。其中郑州、焦作、三门峡、济源 4 个省辖市超过 90%，洛阳、鹤壁、许昌 3 个省辖市超过 80%，安阳、巩义、长垣、永城、新蔡超过 70%。但仍有开封、平顶山、商丘、周口 4 个省辖市和滑县、邓州两个省直管县（市）低于 50%，特别是商丘、周口、滑县、邓州尚低于 40%，严重滞后于全省平均水平（见表 4-1、表 4-2）。

表 4-2　2017 年 6 月河南各省直管县（市）中小学宽带网络接入
及多媒体教室建设情况

单位：%

省直管县（市）	宽带网络接入率	县市排名	多媒体教室占教室总数比例	县市排名
巩义市	99.10	1	79.70	1
兰考县	91.60	5	56.60	6
汝州市	95.00	3	58.40	7
滑县	76.70	7	19.80	10
长垣市	92.50	4	71.80	4
邓州市	47.00	9	20.71	9
永城市	80.40	6	77.20	3
固始县	71.30	8	51.60	8
鹿邑县	33.90	10	66.80	5
新蔡县	96.50	2	78.60	2

资料来源：《关于 2017 年上半年全省基础教育信息化建设进展情况的通报》，河南省教育厅网站，http://www.haedu.gov.cn/2017/08/21/1503282622554w.html。

（三）网络学习空间应用情况

1. 教师空间应用情况

截至 2017 年 6 月，全省中小学教师空间应用率为 25.3%，已明显滞后于全国平均水平，成为全省基础教育信息化发展的短板。其中安阳、鹤壁、焦作 3 个省辖市超过 70%，特别是鹤壁市已达到 94.3%，在全省处于领先地位，但仍有开封、平顶山、新乡、濮阳、漯河、南阳、商丘、信阳、周口 9 个省辖市和汝州、滑县、长垣、邓州、永城、固始、新蔡 7 个省直管县（市）低于 20%（见表 4-3、表 4-4）。

2. 学生空间应用情况

截至 2017 年 6 月，全省中小学学生空间应用率为 13.5%，其中鹤壁、焦作超过 60%，鹤壁达到 91.7%，其他市县均发展程度较低（见表 4-3、表 4-4）。

表 4-3　2017 年 6 月河南各省辖市中小学网络学习空间应用及排名情况

单位:%

省辖市	教师空间应用率	省辖市排名	学生空间应用率	省辖市排名
郑州市	40.70	5	16.70	5
开封市	5.80	14	1.94	14
洛阳市	20.00	9	6.59	10
平顶山市	6.00	16	1.08	16
安阳市	72.20	3	30.30	3
鹤壁市	94.30	1	91.70	1
新乡市	13.70	12	4.73	12
焦作市	86.50	2	62.15	2
濮阳市	19.00	11	5.00	11
许昌市	20.90	8	7.10	9
漯河市	5.20	17	0.80	18
三门峡市	26.90	6	7.40	8
南阳市	9.80	13	3.44	13
商丘市	5.80	15	1.10	15
信阳市	19.70	10	12.10	7
周口市	3.30	18	0.90	17
驻马店市	21.00	7	13.00	6
济源市	57.20	4	28.20	4

资料来源:《关于 2017 年上半年全省基础教育信息化建设进展情况的通报》，河南省教育厅网站，http://www.haedu.gov.cn/2017/08/21/1503282622554w.html。

表 4-4　2017 年 6 月河南各省直管县（市）中小学
网络学习空间应用及排名情况

单位：%

省直管县（市）	教师空间应用率	县市排名	学生空间应用率	县市排名
巩义市	44.20	2	26.01	2
兰考县	54.60	1	44.19	1
汝州市	2.30	10	0.85	7
滑县	3.00	9	0.75	9
长垣市	4.30	8	0.81	8
邓州市	9.60	6	0.66	10
永城市	7.70	7	2.26	4
固始县	10.30	5	5.71	4
鹿邑县	32.60	3	1.10	6
新蔡县	11.20	4	1.46	5

资料来源：《关于 2017 年上半年全省基础教育信息化建设进展情况的通报》，河南省教育厅网站，http://www.haedu.gov.cn/2017/08/21/1503282622554w.html。

二　2017 年 7~10 月全省基础教育信息化建设情况

2017 年第三季度至 10 月，各地按照全省教育信息化工作推进会部署要求，继续积极推进"三通"工程建设。截至 2017 年 10 月，全省中小学宽带网络接入率为 97.9%，多媒体教室占教室总数的比例为 79.4%。全省宽带网络接入、多媒体教室建设和网络学习空间应用情况如下。

（一）宽带网络接入情况

截至 2017 年 10 月，全省中小学宽带网络接入率为 97.9%。其中平顶山、安阳、焦作、濮阳、漯河、济源 6 个省辖市和滑县、邓州、永城 3 个省直管县（市）达到 100%，居于全省前列。鹿邑中小学宽带网络接入率为 89.2%，位于全省末位（见表 4-5、表 4-6）。

表 4-5   2017 年 10 月河南省辖市网络宽带接入率、
多媒体教室占教室总数比例及排名情况

单位：%

省辖市	网络宽带接入率	省辖市排名	多媒体教室占教室总数比例	省辖市排名
郑州市	98.8	13	94.7	4
开封市	98.0	15	84.5	11
洛阳市	99.5	9	87.6	9
平顶山市	100	1	76.9	15
安阳市	100	1	89.9	7
鹤壁市	99.5	9	95.9	2
新乡市	99.9	7	88.4	8
焦作市	100	1	98.9	1
濮阳市	100	1	83.6	12
许昌市	99.7	8	92.3	6
漯河市	100	1	86.9	10
三门峡市	99.5	9	95.7	3
南阳市	94.1	17	73.5	16
商丘市	97.5	16	66.5	18
信阳市	93.0	18	68.1	17
周口市	99.4	12	79.6	14
驻马店市	98.3	14	82.8	13
济源市	100	1	94.5	5

资料来源：《河南省教育厅关于全省基础教育信息化建设进展情况的通报》，河南省教育厅网站，http://www.haedu.gov.cn/2018/11/09/1541743073105.html。

表 4-6   2017 年 10 月河南各省直管县（市）网络宽带接入率、
多媒体教室占教室总数比例及排名情况

单位：%

省直管县（市）	宽带网络接入率	县市排名	多媒体教室占教室总数比例	县市排名
巩义市	99.1	4	79.7	5
兰考县	95.6	7	59.2	8

续表

省直管县 （市）	宽带网络接入率	县市排名	多媒体教室占 教室总数比例	县市排名
汝州市	97.3	6	68.0	6
滑县	100	1	24.8	10
长垣市	92.7	8	80.2	4
邓州市	100	1	52.3	9
永城市	100	1	87.6	1
固始县	90.2	9	65.4	7
鹿邑县	89.2	10	84.2	2
新蔡县	98.6	5	81.7	3

资料来源：《河南省教育厅关于全省基础教育信息化建设进展情况的通报》，河南省教育厅网站，http://www.haedu.gov.cn/2018/11/09/1541743073105.html。

（二）多媒体教室建设情况

截至 2017 年 10 月，全省中小学多媒体教室占教室总数的比例为 79.4%。其中郑州、鹤壁、焦作、许昌、三门峡、济源 6 个省辖市超过 90%，居于全省前列；兰考、滑县、邓州 3 个省直管县（市）低于 60%；商丘、信阳、汝州、固始等不足 70%，低于全省平均水平（见表 4-5、4-6）。

（三）网络学习空间应用情况

截至 2017 年 10 月，全省中小学教师网络学习空间应用率为 48.9%，学生空间应用率为 36.3%，仍与全国平均水平有较大差距。全省仅有焦作市教师和学生空间应用率均超过 90%，除此之外，安阳、鹤壁、许昌、济源 4 个省辖市教师空间应用率超过 80%，平顶山、安阳、鹤壁、许昌 4 个省辖市学生空间应用率超过 70%，其他市县均处于较低水平（见表 4-7、表 4-8）。

表 4-7 2017 年 10 月河南各省辖市中小学网络学习空间应用情况

单位：%

省辖市	教师空间应用率	省辖市排名	学生空间应用率	省辖市排名
郑州市	40.0	14	17.7	15
开封市	70.6	7	69.0	6
洛阳市	27.1	16	13.2	16
平顶山市	75.5	6	74.8	4
安阳市	90.1	3	74.7	5
鹤壁市	90.9	2	89.3	2
新乡市	60.3	9	39.4	11
焦作市	96.5	1	91.0	1
濮阳市	59.0	11	39.9	10
许昌市	90.0	4	82.3	3
漯河市	60.4	8	59.9	7
三门峡市	49.0	12	33.2	12
南阳市	14.0	18	6.0	18
商丘市	48.2	13	27.5	14
信阳市	32.8	15	27.8	13
周口市	17.0	17	6.6	17
驻马店市	59.8	10	50.1	9
济源市	80.1	5	50.2	8

资料来源：《河南省教育厅关于全省基础教育信息化建设进展情况的通报》，河南省教育厅网站，http：//www.haedu.gov.cn/2018/11/09/1541743073105.html。

表 4-8 2017 年 10 月河南各省直管县（市）中小学网络学习空间应用情况

单位：%

省直管县（市）	教师空间应用率	县市排名	学生空间应用率	县市排名
巩义市	44.2	3	26.0	3
兰考县	49.5	2	39.8	2
汝州市	61.5	1	56.9	1
滑县	3.0	—	0.8	—
长垣市	28.5	—	2.1	—

续表

省直管县（市）	教师空间应用率	县市排名	学生空间应用率	县市排名
邓州市	20.7	—	5.9	—
永城市	23.5	—	5.6	—
固始县	10.7	—	6.1	—
鹿邑县	33.1	—	3.9	—
新蔡县	34.3	—	17.3	—

资料来源：《河南省教育厅关于全省基础教育信息化建设进展情况的通报》，河南省教育厅网站，http：//www.haedu.gov.cn/2018/11/09/1541743073105.html。

改革开放以来，我国教育信息化实现了从"基础建设＋设备配套＋应用探索"到"融合创新、智能引领"的转变，经过不断实践和创新，走出了一条具有中国特色的教育信息化发展道路，为世界提供了中国教育信息化解决方案。但是，以教育信息技术创新教与学等活动的开展，以教育信息化推进教育决策科学化，以教育信息化为抓手构建终身化的学习型社会，以教育信息化助力教育精准扶贫、促进教育公平，是新时代教育信息化的使命和责任担当。《教育信息化2.0行动计划》的颁布，为未来我国教育信息化改革指明了方向。

当前，教育信息化已经迈入新时代，教育信息化将全面推动教育现代化从服务教育自身发展向服务国家现代化的转变，进而为我国全面建成社会主义现代化强国作出自己的贡献，建设一个"人人皆学、处处能学、时时可学"的学习型社会。习近平总书记提出"努力构建德智体美劳全面培养的教育体系，形成更高水平的人才培养体系"，应该成为教育信息化新发展的指南。让我们不忘初心、牢记使命，共同书写新时代中国教育信息化的"奋进之笔"。

第二节　新时代河南基础教育信息化的
发展方向

从数字校园到智慧校园，从班班通到人人通，信息技术日新月异，教育信息化领域也涌现众多新的名词：移动学习、创客式学习、STEAM教育、大数据、自适应作业、"互联网+"等。这些新名词代表了基础教育信息化发展的新趋势和新方向。国家已经明确提出"构建网络化、数字化、个性化、终身化的教育体系，建设'人人皆学、处处能学、时时可学'的学习型社会"，各级教育行政、教育技术专业部门正在根据这个要求大力推进教育信息化建设。

随着云计算、移动互联和大数据技术教育应用的不断深化，我国基础教育信息化呈现融合与创新的新趋势。中国的各行各业正在进入"互联网+"时代。以云计算、移动互联、大数据技术等为代表的互联网技术正在深刻影响着人们的生产生活方式。2015年3月，第十二届全国人民代表大会第三次会议的《政府工作报告》中，李克强总理正式提出要制定"互联网+"行动计划，推动移动互联网、云计算、大数据、物联网等与行业结合，推动中国产业结构迈向中高端。2015年7月，国务院印发的《关于积极推进"互联网+"行动的指导意见》指出，"互联网+"是"把互联网的创新成果与经济社会各领域深度融合，推动技术进步、效率提升和组织变革，提升实体经济创新力和生产力，形成更广阔的以互联网为基础设施和创新要素的经济社会发展新形态"。

在教育领域，2015年11月，时任国务院副总理刘延东在第二次全国教育信息化工作电视电话会议上强调，"要把握'互联网+'潮流，通过开放共享教育、科技资源，为创客、众创等创新活动提供有力支持，为全民学习、终身学习提供教育公共服务"。2016年2月，教育部下发的《2016年教育信息化工作要点》指出，将"落实中央网络安全和信息化领导小组和国务院有关'互联网+'、大数据、云计算、智慧城市、信息惠民、宽带中国、农村扶贫开发等重大战略对人才培养等工作的部署"，作为做好教育信息化统筹规划与指导、加强教育信息化统筹部署的重要任务。

"互联网+"就像一个魔法棒，"+"到哪儿，就把变革和创新带到哪儿。教育行业也不例外，"互联网+"为教育带来了新的行业形态，其改变教育领域的力度、速度和颠覆程度是前所未有的。"互联网+教育"已成为当前教育界最热门的话题之一，大量的实践探索和学术研究正在围绕其展开。在基础教育领域，"互联网+"给传统教育理念带来了革命性的冲击与挑战。基础教育工作者应该积极地面对并适应"互联网+"，认识"互联网+

教育"的内涵，了解"互联网+"时代基础教育信息化的阶段特征，摸清当前"互联网+"给教育带来的改变和发展趋势，并探讨基础教育信息化工作的新方向。

《国家中长期教育改革和发展规划纲要（2010～2020年）》明确指出："信息技术对教育发展具有革命性的影响作用，必须予以高度重视。"从前面的论述中可以看到，在"互联网+"行动计划的引领下，在教育工作者的不断探索下，我国基础教育领域已经出现了很多新变化和新趋势，并将在一段时间内继续处于持续变化和持续创新的状态。这就要求基础教育信息化工作的思路也要随之转变，以适应工作中的新发展和新需要。

一　用"互联网+"的新思路解决现有教育问题

目前基础教育中仍存在诸多难题，比如教育公平问题、教育质量问题，以及如何在更大范围内满足学生个性化发展需求的问题。事实证明，沿用以往的方式来攻克这些老大难问题的效果并不显著，"互联网+教育"的变革取向决定了必须转换思路，才有可能取得突破性的进展。站在互联网的高度看待教育问题，互联网就像阳光，能给那些享受不到教育机会的孩子带去光明。解决教育公平和教育均衡问题的第一步就是扫清障碍，让每个人都借助互联网享受到教育的温暖。现在有了尝试性的"两校捆绑"模式和"双师教学"模式，今后就可能发展出自由组合捆绑和点播教学，学生不仅有接受教育的机会，还会有选择的权利。我国义务教育入学普及和师资不足等状况都将得到较大改善。

以开放共享的教育理念作为指导思想。互联网大到可容全球，小到近如村落。在"互联网+"时代，人的收获与开放程度成正比。"老师走起"和可汗学院已经向我们展示了这个事实。

以发展具体的人为最终目标。大数据帮助我们发现了新的教育规律，也让我们能够清晰客观地了解每一个学生。"互联网+"时代，资源的丰富程度不再是问题，如何针对学生个性来配置和使用资源也不再是问题，以资源应用个性化为契机，可以带动相关教育服务，从而帮助越来越多的学生实现个体化发展。

新的思想会带来新的可能。当前"互联网+教育"已经给了我们很多启示，我们要做的就是继续创新思路，用开放创新的教育理念和服务模式向困难宣战。

二 教育服务模式的改革和创新

创新教育服务模式就是教育供给侧结构性改革，是"互联网+"时代教育变革的着力点，也是解决人民群众越来越多的教育需求的必然选择。与产业供给侧结构性改革类似，就是改变学校教师设计的标准化教育服务模式，变为由学习者选择的消费驱动的教育服务模式，未来教育服务的对象已不仅是面向群体，而是面向每一个学习者。教育服务模式的改革势在必行。教育公众服务向个性化服务转化是未来若干年内的重要任务。我国东部地区、各大一线城市等经济发展水平较高的区域，在这方面已经做了一些成功尝试，北京师范大学研制的"双师服务"平台，可以给其他地区带来一些启发。

学校教育是学生成为社会人的第一步，是人生必不可少的重要成长阶段。但未来学校的教学将不再局限于课堂面授活动，线上学习活动将与线下课堂活动有机结合。未来的教师资源也不再局限于学校内的师资，学生可能同时获得校外教师的帮助和服务。教学资源和教学服务都将超越学校范围在全社会进行共享和调配，学习者不再只是教育服务的被动接受者，而将是教育服务的选择者和评价者。

互联网行业的深度参与，已经让未来教育服务模式的新面貌初露端倪，也将会面临很多新的问题，但其方向必将是以开放的教育制度和先进的信息技术为基础，冲破传统学校的禁锢，实现以人为本、灵活优质的新型教育服务。

三 教育信息化工作的新着力点

随着多媒体教室和PPT等应用走入课堂，掀开了教育信息化的第一页。信息技术在解决教学问题、提高教育质量等方面功不可没，信息技术曾经推动了教育变革。如今，进入产业全面升级、深度创新的"互联网+"时代，教育行业中很多问题已经不能仅仅依靠技术来解决，技术应用不再是教育改革的领路人。创新是引领发展的第一动力，教育信息化已经不满足于表面化的和形式上的技术应用。我们的关注点不是技术能做什么，而是我们要做什么，用什么样的思路和模式来做。新技术应用的新方向在于，面向知识经济时代的新需求，在开放创新的教育理念引导下，像汽车轮子一样，在引擎的带动下，稳稳地支持教育发展前行。

四　全面推动教育体制机制改革

以封闭式学校教育为主的教育体制机制已无法满足当前教育需求，整合政府、学校、社会等主体共同参与，是人才培养的需要，更是"互联网+"时代教育发展的大势所趋。一方面，技术支持下的教学改革必然会带来教育体制机制的变革。当社会力量与教育融合到一定程度，必然会有机构改革；当教师的部分工作转移到互联网上，必然需要人力资源管理制度改革；当草根满足草根需求的力量足够强大，必然会配合出现相应的社会机制。另一方面，构建开放的教育制度，积极推动教育体制机制改革，也会催化教育改革，加速教育现代化的进程。教育体制机制改革不仅能满足教育发展的需要，更要在发展变化中摸清方向，全面推进，带动和引领教育实现开放创新，化蛹成蝶。

因此，在"互联网+"时代，教育信息化工作应致力于建立开放的体系和制度，调动多方社会力量协同参与，致力于建立支持与激励机制，鼓励和倡导教师和草根力量积极参与到教育服务中去，致力于探索消费驱动教育教学的服务模式。

"互联网+教育"是教育信息化发展的新阶段。虽然我们尚不能清晰描述新阶段教育变化的全景图，但变革的趋势和方向已越来越清晰。教育信息化领域工作者不仅要关注新媒体和新技术，更要学会面向教育实践中的问题，用"互联网+"的思维来创新解决问题的新模式，推动教育体制机制改革。只有这样，教育信息化的意义和价值才能真正彰显出来。所有的教育工作者必须解放思想，敢于突破传统模式，必须用互联网理念和互联网模式推进教育供给侧结构性改革，创新教育服务模式，建设新体制与新机制，更好地满足人的终身个性化发展的客观需求。只有这样，教育信息化推动教育现代化的目标才有可能实现。

第五章　当代河南基础教育师资队伍建设

第一节　加强师资培训

一　强化师范教育引领

新中国成立初期，随着社会主义建设事业的顺利前进，根据经济社会发展和教育事业的客观需要，河南省积极采取措施，通过建立各级师范院校，开办短期轮训班、短师班、专修班、星期日进修学校等多种形式，不断扩充教师队伍，提高教师政治业务文化水平，逐步建立起一支适应河南省教育发展的人民教师队伍。全省学校教职员工由 1949 年的 50962 人发展到 1956 年的 167674 人。

随着全省土地改革的结束，为了适应小学教育迅速发展对师资的迫切需要，1952 年，河南省采取长期培养和短期训练相结合的师资培养方针，全省中师学校得到迅速发展，由 1950 年的 53 所、学生 10612 人，发展到 108 所、学生 32701 人，基本上达到县县有师范学校和初级师范学校。此外，还举办了大量的短期训练班，三年间，中师、初师以及小学师资短训班共毕业学生 55 万余人，均分配到小学任教，扩大了小学教师队伍。

为适应初等教育稳步发展和提高教育质量的要求，根据"整顿巩固，重点发展，稳步前进"的方针，从 1953 年开始，河南省对中、初级师范学校进行了必要的调整。中等师范学校由 18 所调整合并为 17 所，初级师范学校由 90 所调整合并为 18 所。经过调整合并，全省师范学校共有 35 所，师范学校的布局趋于合理，大体做到 150 万~200 万人的地区设置 1 所师范学校，师范学校的服务范围为 2~3 县。为加强教师培训工作，特别是培养大批数理化学科教师，1951 年，抽调 1000 名优秀小学教师到河南师范专科学校专门进修，培养成为初中师资，并集中程度优秀的初中教师于河南师专培训，逐步建立起培养高中数理化教员的研究班。同时，为加强教师的在职学习，省教育厅同党、团、工会等有关部门成立了河南省中小学教师在职学习委员会，制定出包括政治理论学习和教育理论、政策学习在内的学习计划。省教育厅还加强了对城市小学教师进修学校和乡村教师星期日进修学校的领导。

为适应初等教育稳步发展、提高质量的需要，为小学和幼儿园培养水平较高的合格教师，1954 年教育部颁发了《关于师范学校今后设置发展与调整工作的指示》，确定根据小学教育的发展计划与可能条件，有计划地发展师范教育；根据各地具体情况，将现有的初级师范学校改为师范学校或轮训小学教师的机构，小学所需的师资，除由师范学校培养以外，还可举办师范速成班，幼儿师范应有重点地设置和发展。从 1953 年开始，河南省教育行政部门将初级师范逐步改变为中等师范，并于 1954 年将郑州师范、洛阳师范、信阳师范、南阳师范 4 所师范学校的幼师班集中，成立郑州幼儿师范学校。为便于领导和开展教学研究，省教育厅规定师范学校的规模为12 班和 18 班，个别学校有条件者可定为 24 班的规模；师范学校试行教育部《师范学校规程》，执行全国统一的《师范学校教学计划》和《幼儿师范学校教学计划》，统一了全省的教学大纲和教材。省教育厅确定郑州师范学校和潢川师范学校为试行《师范学校规程》的重点学校，以便总结经验，全面推广。为进一步提高中等师范教学质量，省、地（市）教育行政部门充实了师范学校的师资力量，加强了师范学校领导干部的建设，配备和充实了师范学校的图书、仪器和体育器材，并强调师范学校要加强师生政治思想工作和对学生的专业思想教育。全省师范学校结合学习苏联教育经验，积极改革教学，学校教学和行政管理步入正轨，教育质量显著提高。

1955 年，根据教育部指示精神，成立河南省行政干部学校，轮训初中领导干部及区级行政干部，并制定了各专区开办教育行政干部训练班的计划。同时，开展了函授教育，在河南师院一院开办语文函授专修科，吸收初中语文教师 400 人参加学习。在郑州师范创设函授部，招收郑州市郊区小学教师 300 人参加学习，为全省普遍开展函授教育积累了初步经验。根据教育部指示，进一步明确了小学教师业余进修学校学制，统一教材和教学计划，逐步实现正规化和制度化。全省 4 万余名小学教师参加了业余进修。

高等师范院校也为培养大批中等学校师资作出了贡献。河南师范学院（今河南大学）1950~1954 年共为国家培养 700 余名中学师资（不包括 1000 余名短训班人才），河南师院二院（今河南师范大学）1953~1954 年共培养近 400 名中学师资。河南师专 1951~1954 年共为国家培养初中师资 1592 人，高中师资 152 人，文教干部 188 人。上述学校培养出的师资，相当一部分成为各地学校的骨干。

随着中小学教育事业的发展，一支具有相当数量和一定水平的中小学教职工队伍逐步形成。1949 年，河南省仅有中学教职工 3285 人，其中专任教师 2041 人；到 1956 年，中学教职工已发展到 18399 人，其中专任教师 11006 人。1949 年，全省小学教职工 45844 人，其中专任教师 36919 人；到 1956 年，全省小学教职工已发展到 135448 人，专任教师 132372 人。中小学专任教师的学历结构也有明显变化，学历水平显著提高。

1985 年以后，河南省继续把师范教育的发展作为重点工程，努力建立多层次的职前培养与在职培训相结合、普通师范与职业师范相结合的专业结构更合理的师范教育体系。

党的十八大以来，习近平总书记反复强调，教育大计，教师为本。一个人遇到好老师是人生的幸运，一个学校拥有好老师是学校的光荣，一个民族拥有源源不断的好老师是这个民族发展的根本依靠、未来依托。教师是立教之本、兴教之源，兴豫必先兴教、兴教必先强师。省委省政府印发《关于全面深化新时代教师队伍建设改革的实施意见》，吸引更多优秀人才从事教育事业，加快建设一支适应社会主义现代化建设的高素质教师队伍。

师范教育是现代教育的"母机"，师范院校是师资培养的"摇篮"。这些年，河南师范教育总体发展不错，但仍存在一定差距，突出体现在教师资源严重短缺、教师结构不尽合理、教师素质亟待提高，深层原因是师范教育引力有所减弱，师范生源质量有所下滑，师资培养能力有所弱化，有的师范院校聚焦师范生培养主业不够，出现了"去师范化"现象，有的师范院校非师范专业学生甚至占到了 60% 以上。必须正视存在的问题，转变教育观念，把师范教育摆在引领教育事业优先发展的位置，在资源配置上优先考虑，在政策支持上重点保障，让最优秀的人培养最优秀的人才。一是完善教师教育培养体系。不仅要发挥师范院校培养教师的主力军、主阵地作用，还要鼓励有条件的高水平综合大学承担师资培养任务，推动形成以教师教育基地为引领、以师范院校为主体、高水平综合大学参与、以教师发展机构为纽带、以优质中小学为实践基地的开放、协同、联动的现代教师教育体系，着力解决好培养规模、专业方向、学历层次等方面的问题，培养适合教育发展需要的师资力量。二是树立正确的师范院校办学理念。师范院校要牢固树立为社会主义教育培养优秀教师的理念，坚持以师范教育为主业，适应时代发展要求，明确培养目标，造就学科知识扎实、专业能力突出、教育情怀深厚的高素质复合型教师。

二　搞好中小学教师学历补偿教育

1993 年，河南省普通中小学教职工总数为 69.7 万余人，其中计划内民办教师 24.6 万余人，计划外民办教师 12.26 万人；普通高中专任教师 3.62 万人，学历合格率为 46%；初中专任教师 19.97 万人，学历合格率为 46.9%；小学专任教师 38.18 万人，学历合格率为 58.77%。全省中学教师学历合格率虽比往年有明显提高，但仍低于全国平均水平，其中初中比全国低 12.6%。制约中学教师学历合格率提高的主要因素是中学教师培养数量不足，高等师范院校毕业生分配不到位，中师毕业生拔高到中学任教现象严重。全省有 8 个县普通高中教师学历达标率低于 25%，最低的县只有 17.8%；有 12 个县初中教师学历达标率低于 30%，最低的县只有 22.4%。另外，全省计划外民办教师仍在增加，既加重了农民的负担，又降低了师资队伍的整体素质，影响了教育质量的提高。

为有效地提高中小学教师的学历达标率，切实加快在职教师学历补偿教育的步伐，河南省采取了多种措施，主要是"三沟通"（卫星电视教育、函授教育与自学考试相沟通）学历培训。1993 年，全省有 4.5 万名初中教师参加了省教委统一组织的"三沟通"专科学历培训，其中 1990 级 2 万多名学员通过三年的学习，有 1.48 万人获得了高等教育自学考试专科毕业证书。这对于改变本省初中教师学历合格率长期偏低的状况起到了积极作用。

为加快高中教师的学历培训步伐，改变高中教师学历达标率增长缓慢的局面，还开通了高中教师专升本"三沟通"培训，全省有 8500 多人参加了培训。为加强对"三沟通"培训的管理，按照国家教委《关于加强高师函授、卫星电视教育、自学考试相沟通培训中学教师教学和管理工作的意见》，河南省教委印发了《关于高中教师"三沟通"培训工作有关问题的通知》，对培训工作提出了明确要求。通过严格的资格复查，清退了不合要求的学员。各培训单位认真抓好各个教学环节，健全各项规章制度，认真做好考试组织工作，检查督促考风考纪，对违纪考生按规定认真处理，切实保证了培训的质量。河南的"三沟通"培训工作因抓得早、抓得好，受到国家教委的肯定，先后两次在全国性会议上介绍经验。

围绕普及九年义务教育，1997 年，河南省加快了中学教师学历培训的步伐，有 2.5 万名初中教师和 1.2 万名高中教师参加了"三沟通"培训，共毕业本科学员 1 万名，专科 3.5 万名。另外，有 5800 多名中学教师到省、地市教育学院进行系统学历进修，4600 多名中学教师通过教育学院系统进修取得了本、专科毕业证书；组织中师招收民办教师工作，全省共招收民办教师 1.2 万名。1998~2000 年，河南省继续搞好中小学教师系统进修学历教育工作。仅 1999 年度，全省教育学院共招收本、专科学员 7600 多人；有 5800 多名中小学教师通过在教育学院系统进修取得了本、专科学历。教育学院和中师招收中小学民师 1.5 万人，经过强化培训或系统学习，2 年后转为公办教师。

"九五"期间，河南省通过中小学教师学历补偿教育，共培训中学教师 6.5 万人，小学教师 9.8 万人，使小学、初中、高中教师学历达标率分别从 1995 年的 90%、61%、54.4%，提高到 98%、87.4%、71.4%。同时有计划地开展提高学历培训。到 2000 年底，全省小学教师中达到专科学历的已有 18.9%，初中教师中已有 10.1%达到本科毕业学历。另外，大力支持高中教师进修教育硕士和研究生课程进修班。1998 年，首次组织中学教师参加教育硕士考试，首批有 172 名教师被有关高等师范院校录取。学历达标率的普遍提高，促进了教师队伍整体素质的提高，有利于教育事业的健康发展。

三　开展中小学教师继续教育

河南省在进行中小学教师学历培训的同时，从 1990 年开始进行小学教师继续教育试点，1993 年以后扩大试点，并加强教材建设，完善进修机制；1994 年全面推开，并先后制定了《小学教师继续教育规划》及《骨干教师培训方案》，到 1997 年，全省 40 万名小学教师均受到一轮不同形式的继续教育培训。中学教师继续教育从 1998 年开始试点，试点在省教育学院与 8 个省辖市展开，试点经验对于 1990 年制定"跨世纪园丁工程"提供了有益的借鉴。

小学教师继续教育工作采取抓典型的方式，以点带面。南阳、洛阳两地小学教师继续教育和基本功训练工作动手早，工作扎实，成效突出。省教委在南阳召开了小学教师基本功训练现场会，总结推广南阳经验，使小学教师基本功训练工作迅速在全省展开。省教委印发了《关于小学教师基本功训练工作的通知》，要求小学教师基本功训练要统一规划，统一标准，分类指导，增强小学教师继续教育工作的针对性和实效性。

1997 年以后，围绕基础教育向素质教育转轨，中小学教师继续教育狠抓了素质教育知识的宣传普及工作，通过举办素质教育知识讲习班等形式，有力推动了此项工作的开展，使中小学教师的继续教育工作得到进一步加强。到 1997 年底，全省小学教师中接受继续教育的已达 25 万人，占小学教师总数的 60%。郑州、开封，洛阳、焦作、安阳、南阳和河南教育学院被确定为中学教师继续教育试点单位，焦作还被国家教委确定为全国中小学教师继续教育实验区。

适应建立中小学教师继续教育制度、提高中小学教师的整体素质和全面推进素质教育的需要，1999 年 11 月，河南省教委、省人事厅联合印发《河南省中小学教师继续教育规定》，对继续教育的对象、中小学教师参加继续教育的权利和义务、各级教育行政部门的职责、培训机构的职责等做了明确的规定。河南省还启动"跨世纪园丁工程"，从当年开始，每年筹措资金 1000 万元左右，用于以培养中小学全体教师为目标、以培养骨干教师为重点的继续教育工程。同年年底，省教委召开了全省中小学教师继续教育工作会议，全面部署今后几年的工作，明确提出到 2003 年，把现有 70 多万名中小学幼儿园教师轮训一遍，使教师素质有明显提高，基本适应实施素质教育的需要；中小学幼儿园教师普遍接受计算机基础知识和技能培训，大多数教师具备运用计算机辅助教学的能力；全省选拔10万名中小学幼儿园骨干教师接受培训，其中省级培训100名教育教学专家，1000名学科带头人，1万名骨干教师，称作"百千万工程"。从2000年开始，"百千万工程"全面实施，新一轮中小学教师岗位培训也全面展开。

省教育厅采取了以下措施切实推动此项工作的开展。一是进一步建立和完善继续教育制度，出台《河南省中小学教师继续教育基地管理办法》《河南省中小学教师继续教育经费解决办法》《河南省中小学教师继续教育登记实施办法》等规范性文件，形成了一套比较完备的政策措施。二是建立高效开放的培训网络，形成以各级各类师范院校为主体，其他院校与科研机构广泛参与的开放式培训系统。三是为增强针对性与实用性，在全省中小学教师中开展素质现状与继续教育需求问卷调查。问卷设计了102道选择题，抽测2.5万人，历时4个月，通过分析中小学教师、校长对教师素质的看法、对继续教育的意见与建议，为制定新的政策、方案提供依据。四是建设一支高素质的继续教育教师队伍，教育行政部门通过多种形式培训出一批骨干力量，各培训机构还从高校、中小学优秀教师中选聘一批兼职教师，形成一支基本适合本省中小学教师继续教育需要的专、兼职结合的教师队伍。五是加强继续教育的课程、教材建设。六是加大对继续教育经费投入的力度。七是建立有效的激励机制，把继续教育同教师的年度考核、评优和职务评聘结合起来。八是积极探索适合河南省情的培训模式，努力提高培训质量和效益。由于政策到位、措施得力，各级教育部门对此项工作都抓得很紧，中小学教师继续教育方案在全省得到顺利实施，取得了显著成效，为世纪之交河南省大力推进素质教育发挥了应有的作用。

河南省的教师培养培训工作在取得历史性成绩的同时，还存在不少问题和困难。一是经费困难。尽管省教育厅会同省财政、物价部门专门就经费问题下发了文件，但在实际工作中经费不足仍是重要的制约因素。河南有些地方教师全员培训基本上是"零经费"，教师参加培训的费用基本上由个人承担。究其原因，主要是河南作为农业大省，经济基础薄弱，县、乡两级财政尤其困难，一些地方连教师工资尚且无法按时足额发放，前清后欠，更谈不上投入经费进行继续教育了。二是工学矛盾。河南省 70 多万名中小学幼儿园教师，担负着近 2000 万名中小学生与幼儿的教育培养任务。繁重的教育教学任务使大多数中小学教师的岗位培训只能利用寒暑假和双休日进行，安排在平常时间的省级骨干教师培训，也还有一些学校教师因工作难以脱身而走不出来。教师人事制度改革以后，定编、定员、定岗，工学矛盾会更加突出。三是继续教育工作开展得不平衡。就整体而言，城市好于农村，小学教师好于中学教师，骨干教师培训好于全员岗位培训。四是各级师范和教师进修院校的教育思想、课程体系、教学内容和教学手段还不能完全适应教育现代化和实施素质教育的需要，承担教师培养和培训者自身的教育思想、观念有些还比较陈旧，培训模式还比较单一。师范院校"优先发展，适度超前"的方针尚未完全落实，投入仍显不足，办学条件相对较差。特别是教师进修院校，虽然在师资的培养培训和正规化建设方面有较大的进步，但存在的困难和问题也还比较多，主要是学校正常的办学经费不足，校舍面积不足，图书、仪器、电教设备数量少、档次较低，不能适应新形势下师资培训工作的需要。五是教师结构性矛盾和地区分布不均现象较为突出，高中教师数量不足，小学外语教师和信息技术教育教师严重缺乏，广大农村地区缺乏高学历教师，其综合素质尚不高。这些都亟须在未来的改革和发展中逐步解决。

四　推进中小学校长培训工作

根据《中国教育改革和发展纲要》实施意见和国家教委要求，1993 年 5 月，中共河南省委组织部、河南省人事厅、河南省教委联合下发《关于加强全省中小学校长队伍建设的意见》，对中小学校长的任免、培训、考核、奖惩、待遇及队伍建设等方面做出了明确的规定。各级教育行政部门和教师进修院校共同努力，采用"试点—扩大试点—全面开展培训"的步骤，以业余自学为主，有组织、分层次集中辅导，对全省的中小学校长进行全员培训。1994 年 11 月，省教委下发《关于全省实施中小学校长"持证上岗"制度的意见》，明确提出凡担任中小学校长职务（正、副职）的，必须参加岗位培训，并取得岗位培训合格证书。从 1996 年 1 月 1 日起，全省实行中小学校长持证上岗制度。新任命中小学校长坚持"先培训，后上岗"

原则。为加强对培训工作的管理，保证培训质量，省教委及时通报各地培训情况，对进展较慢的地区提出严格要求，督促加快培训进度；对培训进度快、效果好、有特色的地区进行表彰。如郑州市的分县设点、送教上门，洛阳市的"四点"办法筹措培训经费，信阳市的培训和任免相结合，三门峡的组织自学活动、提高自学效果等先进经验，在全省得到宣传和推广。到"八五"末期，全省有 3.8 万名小学校长、1 万名初中校长、2100 名高（完）中校长严格按照国家教委规定的要求接受了岗位培训并通过了评估验收，基本完成了国家教委提出的将中小学校长进行一遍规范性岗位培训的任务。

1996 年 4 月，河南省教委印发了《关于"九五"期间开展中小学校长培训的意见》，布置了开展中小学校长岗前培训、提高培训、高级研修和学历培训等具体任务。首先，在全省设立 10 个中小学校长提高培训试点。为保证培训质量，委托河南教育学院举办 35 期中小学校长提高培训师资培养班，集中培训全省干训骨干教师，保证培训试点工作的顺利进行。从 1997 年开始，各培训单位严格按照国家规定的教学计划开齐课程，开足课时，抓好预习自学、面授研讨、实践研究和成果汇报四个教学环节，加强教学研究和图书资料建设，结合培训工作的要求和学员的特点制定科学的成绩评定方法。当年 1 月，在新密市召开了全省中小学校长提高培训试点工作经验交流会，交流了新密等 10 个试点单位的经验，实地考察了培训基地和培训效果，统一了思想认识，明确了工作方向，提出了具体的工作要求，推动了全省中小学校长提高培训工作的全面展开。1997 年，省教委印发了《河南省中小学校长高级研修班培训意见》，提出了积极开展中小学校长高级研修班的指导思想和目的、基本要求、培训对象和条件、培训类型等，并就领导和管理、考核和证书发放等方面做出了明确的规定。培训班采取以业余自学、研究为主，辅以短期集中面授、研讨和教育参观考察相结合的培训形式，以两年为期，分四次集中，完成 300 学时的教学任务。

1990 年，为贯彻新时期第三次全国及全省教育工作会议精神，河南坚持以农村中小学校长培训为重点，以素质教育为核心内容，以提高科研能力为突破口，组织了两期中学校长高级研修班，聘请国内知名教育和管理专家讲课，开阔了学员的眼界，保证了学习的质量。研修班的顺利结业，为这项工作的进一步开展探索了一条可行之路。2000 年，全省中小学校长培训工作坚持以"三个面向"为指针，继续以农村校长提高培训为重点，加快进度，强化管理，保证质量，有 4398 名中小学校长参加了岗位培训，14982 名小学校长参加了提高、研修培训；有 37 名中小学校长参加了全国中小学千名校长研修班；受省教育厅委托，由河南师范大学联合华东师范大学举办了中小学校长教育经济与管理研究生课程进修班，有 45 名中小学校长参加。这样，整个"九五"期间，全省共有 56590 名中小学校长分别参加了岗位培训、提高培训，完成了总任务量的 92%，对于加强基础教育的管理，提高教育质量具有重要的意义。

第二节　提高教师物质待遇和社会地位

一　落实知识分子政策，保护教师合法权益

新中国成立之初，党和政府重视争取和团结知识分子，加强对知识分子政治思想教育与改造，全省教育工作者积极学习马列主义、毛泽东思想。

新中国成立后，党和政府十分重视提高教师的社会地位和政治地位，教师被誉为"人类灵魂的工程师"和"辛勤的园丁"。与新中国成立前教师的雇佣劳动者的性质相比，新中国成立后人民教师的社会政治地位发生了根本变化。随着党的知识分子政策的贯彻落实，人民教师的社会政治地位不断提高。新中国成立之初，对教师实行"争取、团结、教育、改造"的方针，组织教师参加重大的政治活动。各级人民政府还多次召开知识分子座谈会、模范教师代表会，吸收教师代表参加党代会、人代会和政协会，广泛参加社会政治生活。各级党委注意在学校教职工中积极、慎重地发展党员。一般中学都建立了党、团组织，一般小学部建立了团、队组织，学校中已形成了以党、团员为骨干的领导核心。1955~1956 年，全省有 600 余名中小学教育工作者加入中国共产党，有近 400 名教师被提拔到学校领导岗位。这些人成为全省教师队伍中的政治核心力量。各地学校涌现大批优秀教师。如商水县固墙完小副校长刘岩，1953 年在严冬大雪中，为了照顾儿童安全，进行巡回教学，不幸中途坠井，光荣殉职，省人民委员会褒扬他

为"模范人民教师"。教育工作者还建立了自己的组织——教育工会。1951年7月，中国教育工会河南省筹备委员会成立。之后，各级教育工会相继成立。在中国共产党的领导下，依靠广大教工群众，教育工会做了大量工作。1951年，全省教育工会有会员15000人，1956年发展到93106人，工会会员占全体教工的66%。在全省建立了2204个基层组织，80%以上的市县建立了委员会或筹委会，基本上使教师队伍成为有组织的工人阶级的一部分。

为提高广大教师的政治思想觉悟，推动教育改革，从1951年起，在全省开展了教师思想改造学习运动。采取一系列措施，利用假期举办各种短期政治学习，初步提高教师的政治认识，组织教师参加土地改革、抗美援朝宣传等社会活动，使他们受到锻炼。1951~1952年，全省13000名中等学校教师参加了思想政治改造学习。通过学习，在广大教师中进步的政治观点和思想有所建立，崇美思想受到打击，资产阶级、小资产阶级的思想受到批判。这次思想改造学习是必要的和富有成效的，但在思想改造的过程中，在工作方法上出现了简单、生硬、粗暴的情况，对知识分子的思想状况和思想改造的长期性估计不足，知识分子的积极性未能充分发挥，在知识分子工作中，"左"的思想已有端倪。

1953年，在全省各级学校教师特别是小学教师中，通过和风细雨正面教育的方法，广泛开展了思想改造教育运动。通过党在过渡时期总路线的学习和整顿小学的学习，批判了帝国主义、封建主义和资产阶级腐朽思想，广大教师初步树立了为人民服务的观点，增强了团结意识，提高了教师的社会主义觉悟，使教师逐步接受了马列主义。但是，批《武训传》株连了推崇武训的陶行知，在教育思想上造成了重要伤害，批《红楼梦》在学术气氛上形成压抑，批胡风形成了政治上的"左"倾迫害。

1956年4月，河南省文教行政会议召开。省委、省人民委员会要求全面正确贯彻执行党对知识分子问题的指示，大力做好教育系统的知识分子工作，逐步解决知识分子在工作、生活、学习上存在的各种问题。

确立教育优先发展的战略地位，必须十分重视落实知识分子政策。第一，关心广大教师在政治上的进步，积极发展教师党员。1985年河南各级党委和广大党务工作者努力排除"左"的残余影响及其他种种干扰，在全省中小学教师队伍中发展党员21053人。第二，各级教育行政部门根据中央和省有关文件精神，对"文化大革命"中造成的尚未处理的冤假错案、历史积案以及不合理的审干结论等，组织专门力量进行认真调查，并按照党的实事求是的原则，妥善地给予处理。截至 1986 年底，全省教育系统立案处理的各类案件 4653 起，已调查处理 4154 起，占立案总数的 89%。第三，为农村户口的部分教师家属办理"农转非"。针对教师家属"农转非"后，经济负担重、生活受到影响的情况，有的地方规定，两年内不收回责任田。另外，全省还安排 4000 名教师子女就业，解决了 6200 多名骨干教师的夫妻分居问题等，采取了种种办法解决教师的后顾之忧。

二 切实提高教师物质待遇

新中国成立后，在中共河南省委、河南省人民政府领导下，随着国民经济的恢复和社会主义经济建设的发展，逐步改革和调整了全省教职工的工资制度和标准，改善了教职工生活，提高了教师的社会地位和政治地位，促进了社会主义教育事业的健康发展。

新中国成立之初，河南省各级学校教职工工资待遇不统一。有些地区中小学实行供给制；有些地区中小学实行以实物（小麦、大米）为工资的制度，中学教师一般月薪 260~320 斤，小学教师 180 斤左右；也有的地区，中小学既实行供给制，也实行薪粮制。实物工资制对保障全省广大教职工的生活起了很大作用。

根据中央规定，1952 年，河南省实行以工分为单位（按粮、油、布、盐、煤五种实物价格综合折算人民币工资额的一种单位）的工资标准。根据这一工资标准，中等学校有 23 个等级（其中教师有 17 个等级），初等学校有 18 个等级，初步统一了各级学校教职工的工资标准，并提高了他们的工资待遇。

1954 年，根据政务院决定，全省各级学校废除原定的工资标准，制定了新的工资标准。根据这一标准，中、初等学校教职工工资标准改为省辖市以上城市和一般地区两类；在 1952 年工资等级不变的基础上，普遍增加了各级的工资分；对工作中（特别是教学、科学研究）有显著成绩的、职务提升和工资级别不相称的、原工资级别较低的教职工，在总人数 15%的范围内提升了工资级别。国民经济的发展和物价的稳定，使城乡人民生活水平逐步提高，以5种实物折算的工资分的办法，已不适应实际生活的需要。根据国务院指示，河南省从1955年7月起执行国家统一规定加发物价津贴，另有10%的教职工提升了工资级别。1956年4月，全省各级学校教职工工资又进行了改革，工资待遇较低的小学教职工有较大的提高。从1953年到1956年，全省教职工工资平均增加了13%。

　　1985年6月，根据有关文件精神，全省教育系统的工资改革工作全面展开。通过工资改革，全省中小学教职工普遍增加了工资，中学教师人均月工资增加23元，较工资改革前增加了29.5%；小学教师人均月工资增加24元，较工资改革前增加了25.8%。初步理顺了工资关系，把100余种工资标准统一到一个新的轨道上来，为以后随着生产发展逐步增加工资奠定了一个良好的基础。另外，实行以职务工资为主的结构工资制度，充分体现了社会主义的按劳分配原则。1987年，根据国务院102号文件精神，决定将中小学和幼儿园教师现行工资标准提高10%。为尽快落实国务院的决定，早日将提高工资标准增加的工资发到广大中小学、幼儿园教师手中，河南省工资改革领导小组提出采取预提预支办法，报经省委省政府同意后，用传真电报将有关事项通知各地市，要求年底前执行。1990年以后，全省教职工又普调一级工资，给部分教职工增调一级工资，提高了教职工的工龄津贴，大幅度增加了奖励工资或奖金的发放标准。通过调整，使全省教职工的平均工资水平相当于或高于当地干部职工的平均工资水平。

　　多渠道筹措建设资金，加快城镇中小学教职工住房建设，改善教职工的住房条件，这是河南省历年抓的计财工作重点之一，也得到了社会各方面和广大中小学教职工的大力支持。河南省贯彻多种形式、多种渠道筹资建房方针，实践证明，这是一条符合河南省情的加快教师住房建设步伐的有效途径；还总结推广了国家、学校、教职工均担费用的建房办法，调动了国家、学校、教职工的建房积极性。1989年，全省多渠道筹措基建投资5333.5万元，其中省教委补助和市、地财政投资1849.6万元，学校自筹1866.2万元，教职工集资1254.1万元，新建住房3862套，总面积23.13万平方米。当年10月，国家教委在郑州召开全国部分省、区、市及河南省城市中小学教职工住房建设会议，表彰、奖励了河南在改善教职工住房方面所做出的努力和所取得的成功经验。1990年，河南省继续加大中小学教职工住房建设的力度，全年各地用于城市中小学住房建设的总投资达 6561.8 万元，其中上年结转 2911 万元，当年投资 3650.8 万元，较 1989 年的投资规模增加 646.8 万元，增加 10.93%。实际完成投资 3630.8 万元，占投资总额的 55.33%。新建中小学教师住房 2545 套，建筑面积 15.31 万平方米，人均住房建筑面积达 10.8 平方米，居住面积 6.8 平方米。大多数城市的中小学教职工住房水平赶上或接近当地市民、职工的居住水平，个别市已超过当地市民、职工的居住水平，使长期困扰教育发展的老大难问题初步得到缓解。

多渠道筹措资金，做好城镇中小学教职工住房建设工作，切实改善教师住房条件，使广大教师有一个稳定的工作和生活环境，是稳定教师队伍，保证教育工作正常、健康发展的保证。河南各地积极把城市教师住宅建设纳入城市建设总体规划和建设计划，采取优先和优惠政策，积极筹措资金，力争使教职工家庭人均住房面积达到当地居民的平均水平。

1994 年 6 月，在洛阳市召开了全省城镇中小学教职工住房建设工作会议，总结交流了全省城镇中小学教职工住房建设工作经验，表彰了"八五"前 3 年特别是 1993 年在城镇中小学教职工住房建设中成绩突出的洛阳等 7 个市地、荥阳等 9 个县级市、孟津等 7 个县，有效地推动了此项工作的进一步开展。当年全省多渠道筹措资金 1.5 亿元用于城市中小学教职工住房建设，使全省城市中小学教职工家庭人均居住面积达到 8.1 平方米，提前完成了"八五"计划确定的目标任务。1996 年，为贯彻落实大连、昆明全国教师住房会议精神，在安阳召开了全省教职工住房建设工作经验交流会，认真总结交流了全省各地教师住房建设的经验，推广了安阳等地建设教师住宅小区的做法。继安阳、洛阳之后，郑州、焦作两市相继进行了教师住宅小区建设。商丘、南阳、漯河等市也积极筹建当地的教师住宅小区。1997年，全省用于城镇中小学教职工住房建设的资金达 4.41 亿元，新建住房1.36 万套，建筑面积 109 万平方米，使城镇中小学校教职工家庭人均居住面积达到 8.3 平方米，成套率 57%，许多教职工住房情况得到改善。

1992 年以后，河南省许多地方出现了大量拖欠中小学教师工资的现象，全省累计拖欠中小学教师工资达 1.48 亿元，涉及 33 万多名教师。这一严重问题直接影响了教师队伍的稳定，一些地方的骨干教师大量外流，致使正常的教育教学工作受到影响。

面对困难，各级党委、政府及教育部门高度重视，想方设法加以解决。时任省委书记李长春、省长马忠臣在 1993 年教师节前联名给各市地书记、市长、专员写信要求尽快解决，教师节庆祝会上，他们又强调一定要全部兑现。省政府先后三次发出明传电报，两次召开电话会议，督促解决。按照省委省政府的要求，省教委组织人员先后深入信阳、驻马店、平顶山、开封、洛阳、漯河等地市调查、督促、审计，帮助各地落实教师工资。在摸清情况的基础上，起草了《关于中小学教师待遇情况的调查》等有关报告，参与制定月报制度，将国拨教育经费由乡收到县管，并落实农村教育费附加"乡征、县管、乡用"政策，理顺教育经费和教育费附加管理体制，尽力保证教师工资按月如数发放。

为从根本上解决教师工资拖欠问题，河南省委省政府在 1994 年决定采取综合治理措施，建立保障机制，印发《关于保证中小学教师工资按月足额发放的决定》，要求结合《中华人民共和国教师法》的宣传、贯彻和实施，采取强有力的措施，务必保证编制内中小学教师按月足额领取工资，保护教师最起码的合法权益。按照规定，教师工资的发放由各级政府负责，由"一把手"负总责。哪一级拖欠教师工资，由哪一级政府解决，不得将矛盾上交。各级财政在安排预算时，要本着"教育经费的增长高于财政经常性收入增长"的原则，优先安排教育经费。公办教师工资和民办教师工资国补部分要一次安排到位，不留缺口。部门和企业办学所需教育经费，也必须根据国家有关规定按计划安排，保证每年有所增长。各级财政要根据财政预算安排和教育事业用款计划，加强资金调度，及时拨款。凡拖欠教师工资的地方，按量财办事的原则，暂停其他各项拨款，集中资金首先保证编制内教师工资按月足额发放。对经济落后、财政困难、不能保证教师工资按月足额发放的县（市、区），在一定时期内，农村教育经费由县（市、区）财政和教育部门统一安排使用；财政状况较好的地方，教育经费仍由乡（镇）财政统筹安排；其他县（市、区）继续执行现行管理体制，但都必须保证教育经费全额用于发展教育事业，首先按月足额发放中小学教师工资。

另外，各地中小学校也加快了学校内部人事制度改革，按照有关规定对公办教师和职工定编定岗,实行工资总额包干,增人不增工资,减人不减工资。超编人员由教育部门内部调剂,充实乡村中小学教师队伍,或分流从事其他工作。不具备教师任职资格的人员,一律不得调入学校任教。

为进一步保证县乡教师工资的及时发放,稳定教师队伍,促进全省基础教育事业的健康发展,根据《河南省人民政府关于加强县乡财政建设的通知》精神,2000 年 11 月 1 日,河南省财政厅、人事厅、机构编制委员会、教育厅联合下发了《关于县(市)代乡镇发放教师工资有关问题的通知》,决定从 2001 年 1 月 1 日起,实行乡镇教师工资由县(市)代发。通知要求乡镇政府要按照规定范围和标准,提供教师名册和工资发放表,经县(市)教育部门、编制部门和人事部门审定后,报县(市)财政部门核定教师工资总额;各县(市)财政部门应在县(市)国库设立"乡镇教师工资专户",并分乡镇核算。各乡镇每月组织的一般预算收入和预留税收返还收入,要按县财政核定的工资总额,划入县财政专户。乡镇收入达不到应划转额的,将部分农村教育费附加收入、乡镇统筹收入及其他预算外收入划入专户。在足额上划教师工资前,乡镇国库资金不能拨付其他开支。乡镇教师工资经费上划县财政专户后,县(市)财政部门根据确定的各乡镇教师工资总额,分月拨给县教育主管部门,通过县乡教育系统拨付到各学校。县(市)代乡镇发放教师工资办法的实行,对逐步缓解拖欠教师工资现象,维持学校正常的教育教学秩序,起到了积极的作用。

党的十八大以来,河南落实国家规定的教师待遇政策。健全中小学教师工资长效联动机制,确保中小学教师平均工资收入水平不低于或高于当地公务员平均工资收入水平,确保乡村教师实际工资收入水平不低于同等条件县镇教师工资收入水平,并随着经济社会发展逐步提高。针对乡村教师下不去、留不住的问题突出,河南在政策和特遇上给以更多倾斜,依据艰苦边远程度实行差别化补助,让更多教师扎根农村。解决教师住房保障问题,将其纳入住房保障范围,坚持分级分类推进、统筹解决,对农村教师,加快中小学教师用周转房和保障性住房建设,全面提高县乡中小学教师住房保障水平。解决好教师负担问题,全面清理和规范社会性事务,把时间和精力还给教师。通过一个个实际问题的解决,努力形成优秀人才争相从教、广大教师尽展其才、名师名家不断涌现的良好局面。

2019 年，针对教师待遇普遍较低，尤其是农村教师工资收入低、住房条件差、教学任务重的实际情况，河南下定决心，提高教师待遇，实施"三安"工程，通过完善保障、提高补贴、改善住房，真正让教师尤其是乡村教师安心、安居、安教。一是完善保障机制。健全中小学教师工资长效联动机制，确保中小学教师平均工资水平不低于当地公务员平均工资水平，确保乡村教师实际工资收入水平不低于同等条件县镇教师工资收入水平。二是实行特殊补贴。建立、扩大、提高三种类型补贴。第一个是生活补贴。提标扩面，依据艰苦边远程度实行差别化补助。具体分为三个档次，国定26 个集中连片贫困县乡村教师生活补助提高到 200 元、500 元、800 元，其他贫困县按 200 元、400 元、600 元标准发放，非贫困县按 200 元、300 元、500 元标准发放。第二个是教龄补贴。提高标准，教龄每增加一年，每月要增发 10 元。第三个是岗位补贴。主要是班主任补贴，全省统一标准定为每月不低于 400 元，条件好的地方可以适当提高标准。三是改善住房条件。让教师在乡村安心教育，必须先让其能够安居。三年之内基本完成农村中小学周转房建设，五年之内基本完成中小学教师保障性住房建设，全面提高中小学教师住房保障水平。四是突出重点对象。乡村教师不仅是乡村教育的希望，也是乡村文明的传播者，应该得到更多关爱。把乡村教师作为提高教师待遇的重点群体，工资待遇要向乡村教师倾斜，职称评定要向乡村教师倾斜，住房保障要向乡村教师倾斜，用待遇留人、感情留人、事业留人，让乡村教师稳得住、教得好、干得欢。

三 大力提倡尊师重教

从 1985 年全国第一个教师节开始，河南省每年都要在教师节期间举行盛大的庆祝活动。

1988 年 7 月，经河南省人民政府批准，成立了河南省中小学幼儿教师奖励基金会，为中小学幼儿教师募集奖励基金，举办各种有利于提高教师社会地位的事业，开展奖励教师的活动。由于在筹备成立过程中即进行了募捐宣传，成立时已筹措资金 315 万元。省新闻出版局积极为基金会捐款，该局所属河南教育出版社为基金会捐款 35 万元，海燕出版社捐款 30 万元，文心出版社捐款 20 万元；省建设银行为基金会捐款 10 万元；省财政厅、邮电局、河南教育报刊社等单位也都积极为基金会捐款。基金会成立后，利用各种机会宣传基金会的宗旨、性质、任务和募捐方针，号召社会各界关心教育、支持教育。截至 1989 年 12 月，基金会募集资金 420 多万元，基金增值 40 多万元，教师节表彰优秀教师和教育工作者 4000 多人，奖励资金60 多万元。1992 年暑假，河南省中小学幼儿教师奖励基金会组织 6 批近百名优秀教师和教育工作者到北戴河、云南、广西、信阳鸡公山等地疗养休养，考察访问，交流教育教学改革经验，参加国家和省举办的"园丁之家"活动，教师们很受鼓舞。

在中小学评选特级教师是体现党和政府关心、爱护广大中小学教师、提高其社会地位的重要制度。特级教师在教书育人、为人师表方面具有良好的师德和较深的造诣，在教育教学工作等方面取得了显著成绩，作出了突出贡献，在本地区有较大影响，能够在某一方面成为学习的榜样。1988年，河南省继续在中小学教师中评选特级教师。经过评审，全省共评出 437名中小学特级教师。获得特级教师荣誉的教师，按照国家规定享受一定的经济补贴。通过评选特级教师，在一定程度上提高了中小学教师的政治地位和经济待遇，也有利于广大中小学教师提高自身的政治素质和业务水平，激发他们献身教育、教书育人的积极性。

河南省广大教师在教育教学岗位上努力工作，无私奉献，为振兴河南教育作出了巨大贡献。各级党委、政府和全省人民也热情关心支持教育的发展，并创造条件切实为教师解决实际问题，逐步树立起尊师重教的良好风尚。

长期以来，河南广大教师本着高度的事业心和责任感，在各自的工作岗位上辛勤耕耘，无私奉献，教书育人，诲人不倦，为提高国民素质、促进河南教育事业的发展作出了巨大贡献，因而深受学生爱戴，并受到各级党委、政府和社会各方面的高度赞扬。完善教师奖励制度，通过表彰和奖励，让那些为教育事业做出优异成绩的教师和教育工作者获得应有的精神和物质奖励，以在全社会进一步形成尊师重教的良好风尚，对推动河南的精神文明建设，具有重大的意义。

1993 年以后，河南省教委、省人事厅、省总工会、省中小学幼儿教师奖励基金会联合对优秀教师和教育工作者进行一年一度的表彰奖励，并向国家推荐全国教育系统劳动模范、全国优秀教师和教育工作者。每年 9 月 10 日的教师节，省政府都要召开庆祝教师节表彰大会，省委、省人大、省政府、省政协、省军区的负责同志出席会议，向全省广大教师祝贺节日，为优秀教师代表颁发荣誉证书，并通过新闻媒体在社会上广泛宣传。各地市县也都通过各种形式广泛开展表彰先进、慰问教师的活动，逐步使尊师重教在中州大地蔚然成风。

党的十八大以来，河南广大教师辛勤耕耘、默默奉献，赢得了全社会的广泛赞誉和普遍尊重。从用生命上好"最后一课"的李芳老师，到被称为"十八弯山路上的一轮明月"的张玉滚老师；从"践行焦裕禄精神的好校长"张伟，到每年 180 多天工作在田间地头、被农民亲切地称为"郭小麦"的郭天财老师；从苦中作乐的特岗教师任明杰老师，到身患残疾、甘于自身清贫却不甘于家乡贫困的王生英老师等，对良好师德师风作了生动诠释。

正是有了这样一个优秀的教师群体，河南教育事业才得以蓬勃发展。新时代，河南推进教育事业优先发展，大力弘扬高尚的师德师风。教育引导广大教师珍惜教师这份光荣称号，爱惜教师这份高尚职业，忠诚教育这份崇高事业，严格要求自己，不断完善自己，以德立身、以德施教、以德育才，做有理想信念、有道德情操、有扎实学识、有仁爱之心的"四有"老师，做学生锤炼品格、学习知识、创新思维、奉献祖国的引路人，自觉承担起传播知识、传播思想、传播真理、塑造灵魂、塑造生命、塑造新人的时代重任。

改革开放 40 多年来，在各级党委和政府的正确领导和社会各界的大力支持下，河南省各级各类学校的广大教师忠诚于党的教育事业，全面贯彻教育方针，促进学生全面发展。他们刻苦钻研业务，努力探索教育规律，积极进行教育教学改革和研究，长年累月战斗在教育教学第一线，呕心沥血、无私奉献，爱校如家、爱生如子，为培养下一代倾注了自己的全部力量。特别是广大农村教师，尽管生活清苦，工作繁重，有的甚至不能按时发工资，但始终不渝地坚信党，执着地热爱自己的本职工作，兢兢业业地履行自己的职责，不愧为一支可以依赖、可以尊敬的队伍。

四 完善职务评聘制度

河南省中小学公办教师职务评审和聘任工作从 1986 年开始试点，1987 年在部分单位进行，当年完成中小学教师职务评定任务的 50%。1988 年，全面的中小学教师职务评定工作展开，年底全部结束。中小学、幼儿园教师专业技术职务，分别设高级教师、一级教师、二级教师和三级教师。为保证评聘工作的顺利进行，河南省先后制定了中小学教师职务试行条例、任职条件与考核办法等。经过评审，全省共有 291117 人评定了中小学、幼儿园教师职务，占全省中小学、幼儿教师的 93%。

根据国家教委《中学教师职务试行条例》规定，省教委于 1988 年 5 月制定《关于小学教师评为中学高级教师职务的意见》。7 月，经省中学高级教师职务评委会评议，共有 256 名小学教师被评为中学高级教师，加上经省教委批准部分地市评定通过的 59 名，全省共有 315 名小学教师被评为中学高级教师职务，其中还有 23 名幼儿园教师。

为保证质量，省教委于 1988 年 5 月印发《关于中小学职称改革检查验收工作的意见》，8 月下发《关于中小学教师职聘工作检查验收意见的补充通知》，在全省范围内组织了全面的检查验收和工作复查。

鉴于全省中小学教师职务指标紧张，省教委与省工资改革办公室等部门研究决定，对符合教师职务任职条件、达到离退休年龄的教师，可评定相应职务，不占用指标限额。1988 年 10 月，在全省中小学教师职聘工作基本结束时，省教委还与省工资改革办公室商定，把全省中小学教师职务工资兑现时间确定为 1987 年第一季度。1988 年 11 月，省教委统一颁发了"中小学教师任职资格证书"和"中小学教师职务聘任证书"。

党的十八大以来，从各方面反映的情况看，教职工编制管理体制还不太顺畅，编制总量不足、结构性缺编、空编不补等问题还比较突出。河南出台政策，创新规范中小学教师编制配备，按照班师比与生师比相结合的方式核定中小学教职工编制，采取"调剂""补充""压减""引进"等方式保证教师需求，并向乡村小规模学校倾斜。一是"调剂"，把城市挤占乡村的教师编制调回去，不同地区教师编制实行调余补缺。二是"补充"，空编多的地方根据实际需要及时补充教师，对符合条件的非在编教师要加快入编，严禁有合格教师来源而空编不补，严禁长期借用中小学教师。三是"压减"，教师编制缺口较大的地方，压减其他事业编制，优先满足教育需要。四是"引进"，同时鼓励实行政府购买服务，将教职工编制配备和购买工勤服务相结合，满足教育快速发展的需求。针对职称晋升难等问题，结合推进县域内义务教育教师"县管校聘"，适当提高中小学中、高级教师岗位结构比例。

2019年，针对中小学教师高级职称名额少、聘用难，为切实提高中小学教师中、高级岗位结构比例，同时向乡村倾斜，河南研究出台政策，在乡村学校从教女教师满25年、男教师满30年的，只要符合条件，可不受岗位结构比例限制，直接评聘为高级职称；城镇中小学教师评聘高级职称和特级教师，把到乡村学校、薄弱学校任教一年以上的经历作为一项条件。

第三节　加强民办教师队伍的建设和管理

加快基础教育发展步伐，大力推进普及义务教育进程，一方面要发展和改革师范教育，培养和补充新师资；另一方面要根据省情，采取多种形式、多种渠道，抓紧对现有师资的培训，特别是要做好民办教师的工作。长期以来，民办教师在本省中小学教师队伍中占有相当大的比重，他们在工作条件比较差的情况下承担着艰巨任务，作出了巨大贡献。关心他们的工作和生活，在政治待遇和社会地位上，包括晋升职务、推选先进，与公办教师一视同仁，并提高民办教师的经济待遇，在富裕地区，逐步使民办教师的待遇达到公办教师的水平，在一些经济不发达的地区，根据当地财力，使民办教师的经济收入高于当地一般同等劳动者，是各级政府和教育部门义不容辞的责任。

为贯彻落实《国务院关于鼓励社会力量兴办教育促进民办教育健康发展的若干意见》（国发〔2016〕81号），鼓励社会力量兴办教育，促进民办教育健康发展，2018年2月，河南省人民政府出台了《关于鼓励社会力量兴办教育促进民办教育健康发展的实施意见》，保障民办学校教师权益。完善学校、个人、政府合理分担的民办学校教职工社会保障机制。民办学校应依法为教职工足额缴纳社会保险费和住房公积金。鼓励民办学校按规定为教职工建立补充养老保险。民办学校教师在资格认定、职称评定、业务进修、表彰奖励、科研立项、国际交流等方面与公办学校教师享受平等待遇。非营利性民办学校教师享受当地公办学校同等的人才引进政策。鼓励民办学校教师和管理人员积极参与各级、各类专家评委申报，教育项目和资金的评审、评估、评价中应有一定比例的民办教育专家参加。健全民办学校教师人事代理服务制度，保障教师在公办学校与民办学校之间合理流动，工龄连续计算。

由于各级党委、政府的高度重视，在教育行政部门、学校特别是广大教师的共同努力下，河南省教师队伍建设发展很快，各级各类学校教师的思想政治、业务能力也有不同程度的提高。广大教师辛勤耕耘、无私奉献，为提高民族素质努力工作，为河南教育事业的发展和改革作出了巨大的贡献。

参考文献

胡大白：《中国民办教育通史（当代卷）》，社会科学文献出版社，2019。

王日新、蒋笃运：《河南教育通史（下）》，大象出版社，2004。

廖其发：《当代中国重大教育改革事件专题研究》，重庆出版社，2007。

何东昌：《中华人民共和国重要教育文献（1949~1997年）》，海南出版社，1998。

中共中央党校理论研究室编《历史的丰碑：中华人民共和国国史全鉴9（教育卷）》，中共中央文献出版社，2005。

张健、李燕杰：《中国社会力量办学大辞典（下）》，红旗出版社，1997。

历年《河南教育年鉴》，大象出版社。

历年《中国教育年鉴》，人民教育出版社。

胡大白：《河南民办教育发展报告（2018）》，社会科学文献出版社，2019。

《国家中长期教育改革和发展规划纲要（2010~2020年）》。

王佐书：《中国民办教育发展报告（2013~2014）》，科学出版社，2014。

《国务院关于鼓励社会力量兴办教育促进民办教育健康发展的若干意见》。

周海涛、钟秉林：《中国民办教育发展报告》，北京师范大学出版社，2016。

陈丽：《探索"互联网+"时代基础教育信息化工作的新方向》，《电化教育研究》2017年第5期。

欧阳明等:《从我国电化教育的发展历史看其发展特点》,《电化教育研究》2011年第9期。

乔金霞:《电化教育在中国的传入及其学科建构》,博士学位论文,华中师范大学,2015。

邵水潮:《河南省基础教育信息化发展的现状与思考》,《基础教育信息》2015年第1期。

陈永光:《河南省基础教育信息化现状调查和发展对策》,《兰州文理学院学报》(自然科学版)2008年第2期。

徐林:《农村基础教育信息化建设的回顾与展望——以河南省为例》,《教学与管理》2013年第3期。

徐鹏等:《大数据视角分析学习变革——美国〈通过教育数据挖掘和学习分析促进教与学〉报告解读及启示》,《远程教育杂志》2013年第6期。

李亮、祝青江:《治理定义下的教育治理引论》,《人民论坛》2016年第5期。

王志军、陈丽:《联通主义学习理论及其最新进展》,《开放教育研究》2014年第5期。

何克抗:《从"翻转课堂"的本质,看"翻转课堂"在我国的未来发展》,《电化教育研究》2014年第7期。

中国教育与人力资源问题报告课题组:《从人口大国迈向人力资源强国》,高等教育出版社,2003。

曾向东:《民办教育论》,南京出版社,2001。

曹勇安:《我国民办教育的历史、现状与未来》,《浙江树人大学学报》(人文社会科学版)2013年第2期。

胡卫、丁笑炳:《聚焦民办教育立法》,教育科学出版社,2001。

杨德广:《从经济全球化到教育国际化的思考》,《河北大学学报》(哲学社会科学版)2000年第4期。

陈耀华、陈琳:《互联网+教育智慧路向研究》,《中国电化教育》2016年第9期。

王道勋等:《现代教育学研究》,吉林出版集团股份有限公司,2017。

后　记

70年，弹指一挥间。

教育是民生，与每一个人息息相关。

1979年出生的我1997年参加高考，赶上大扩招和郑州大学进入"211工程"的机遇。报到的时候，校园内一派喜气洋洋的景象，但当时对"211工程"的意义感触不大。两年的专科学习，不但学费涨了，毕业也不包分配了，要自谋职业。工作几年后，2002年，我又重返郑州大学，专升本学习两年。这个时候大部分学生都搬到新校区了。2004年，我顺利考上郑州大学的硕士研究生。2007年毕业时，没想到进公办高校那么难，连续碰壁。据说2006年毕业的学生进高校还是相对容易的。那时候感觉比较茫然，研究生毕业和当年专科毕业的境遇差不多。两年后，2009年，我辗转来到黄河科技学院。几年来，河南的高等教育发生了诸多变化，学校一步一个脚印前行。我对国家对民办教育的支持力度感同身受，学校的发展日新月异我也看在眼里。

是教育改变了你和我。

没有胡大白董事长的远见卓识和宽广胸怀，没有王建庄院长的高瞻远瞩和殷切指导，我没有勇气接下编写《当代河南基础教育发展报告》这个任务，也没有能力用半年时间完成。蓦然回首，回顾河南70年，回首个人40年。

这是历史的选择，这是命运的安排，应该永远感恩这个时代、这个国家、这个学校和我们民办教育研究院。

2015年，我有了孩子。自从有了她，我更加关注学前教育和基础教育。孩子是祖国的未来，为他们提供良好的发展环境，让他们成为对社会有用、志趣高雅、理想远大、脚踏实地的人，是教育工作者义不容辞的天职和使命。

我们对家庭负有责任，对社会、对每一个孩子负有责任。

搞好基础教育势在必然！

值得骄傲的是，我们河南民办教育研究院的同志们历时半年，实地到河南省档案馆查阅相关档案，获得了很多宝贵的第一手数据。写作过程中也参阅了大量文献资料和其他学者的研究成果，虽已注明，但难免挂一漏万，在此向所有编者和作者表示诚挚的谢意。潘丽娜老师承担了第三章和第四章的撰写任务。王日新、蒋笃运主编的《河南教育通史》（下）呈现了1949年10月至2001年12月河南各级各类教育的完整面貌，文中多有借鉴和引述，向他们一并表示感谢。

正是因为有太多的第一手资料，我们面对庞杂的数据难免顾此失彼，因此，行文过程中如有疏漏甚至错误，希望各位读者不吝赐教。我们希望更多的学者加入地方教育史研究中来，通过基础数据、第一手档案，分析研究，弥补空白，回顾过去，展望未来。

初稿完成的日子，天格外蓝！

王道勋

2019 年 10 月

图书在版编目（CIP）数据

当代河南基础教育发展报告／王道勋，潘丽娜著
. -- 北京：社会科学文献出版社，2020.12
（当代河南教育发展报告／胡大白主编；5）
ISBN 978 - 7 - 5201 - 7733 - 7

Ⅰ.①当… Ⅱ.①王… ②潘… Ⅲ.①基础教育 - 发
展 - 研究报告 - 河南 - 1949 - 2019 Ⅳ.①G639.21

中国版本图书馆 CIP 数据核字（2020）第 255684 号

当代河南教育发展报告
当代河南基础教育发展报告

著　　者／王道勋　潘丽娜

出 版 人／王利民
组稿编辑／任文武
责任编辑／王玉霞　李艳芳

出　　版／社会科学文献出版社·城市和绿色发展分社（010）59367143
　　　　　地址：北京市北三环中路甲 29 号院华龙大厦　邮编：100029
　　　　　网址：www. ssap. com. cn
发　　行／市场营销中心（010）59367081　59367083
印　　装／三河市龙林印务有限公司

规　　格／开　本：787mm × 1092mm　1/16
　　　　　本册印张：13.5　本册字数：212 千字
版　　次／2020 年 12 月第 1 版　2020 年 12 月第 1 次印刷
书　　号／ISBN 978 - 7 - 5201 - 7733 - 7
定　　价／498.00 元（全 6 册）

本书如有印装质量问题，请与读者服务中心（010 - 59367028）联系